Das Alternative WP-Handbuch

Das Alternative Wirtschaftsprüfer Handbuch

von
WP Sebastian Hakelmacher

IDW-VERLAG GMBH
Düsseldorf 2000

Die Deutsche Bibliothek - CIP Einheitsaufnahme

Hakelmacher, Sebastian:
Das alternative Wirtschaftsprüfer Handbuch / von Sebastian Hakelmacher. – Düsseldorf : IDW-Verl., 2000
ISBN 3-8021-0894-9

ISBN 3-8021-0894-9

Druck und Bindung: B.O.S.S. Druck und Medien GmbH, Kleve

Herstellung: Dialog-Dienste GmbH, Essen

Vorwort

Das Alternative WP-Handbuch ist eine unentbehrliche Ergänzung des bewährten und hoch angesehenen WP-Handbuches. Es zeigt jene Licht- und Schattenseiten der Wirtschaftsprüfer, ihrer Tätigkeit und ihres Umfeldes auf, die dort aus ehrenwerten Gründen nicht oder nur einseitig behandelt werden. Zu den Themen, die in den für den Berufsstand bedeutenden Veröffentlichungen vernachlässigt werden, gehören u.a.: Der Wirtschaftsprüfer in biologischer Sicht, die unbeschreiblichen Verhältnisse beim Mandanten, die kaufmännische Buchführung und die Pflege der Fachsprache.

Zur Förderung der Lesefreude hat der Verfasser an ausgewählten Stellen auf übertrieben präzise Formulierungen verzichtet. Der Fachmann weiß sowieso, worum es geht und der interessierte Laie erfährt alles Wesentliche. Die über das vorliegende Werk zerstreute Themenbehandlung wird durch ein Stichwortverzeichnis wettgemacht. Außerdem wurde unter Berücksichtigung aller einschlägigen Wissenschaften geeignete Fachliteratur der letzten Jahre schonungslos ausgewertet und, soweit Übersichtlichkeit und Eignung es zuließen, zitiert.

Der Umfang des Alternativen WP-Handbuches ist so gehalten, dass es trotz seines schwerwiegenden Inhalts leichter als das WP-Handbuch auf Reisen mitgeführt werden kann. Es eignet sich daher hervorragend als ambulantes Nachschlagewerk, zumal alle Themenkreise, die den Wirtschaftsprüfer angenehm oder unangenehm berühren, angesprochen werden. Weniger wesentliche Ergänzungen und Ausführlichkeiten können später zuhause im WP-Handbuch nachgeschlagen werden.

Ähnlichkeiten mit lebenden Personen und Unternehmen sind nicht zufällig. Ohne die vielen Vorbilder wäre selbst eine verzerrende Abbildung der Wirklichkeit nicht möglich gewesen. Diesen Personen und Unternehmen, die zu nennen Schweigepflicht, Raumgründe und Vermeidung von Fehlschlüssen verbieten, ist der Verfasser daher zu besonderem Dank verpflichtet.

Das Alternative WP-Handbuch wendet sich nicht nur an Wirtschaftsprüfer und ihre Mitarbeiter, sondern auch an alle übrigen Sympathisanten und Kritiker dieser ehrenwerten Gesellschaft.

Volksdorf im Juli 2000 Sebastian Hakelmacher

Inhaltsverzeichnis

Abkürzungsverzeichnis

Abs.	=	Absatz
ADS	=	Adler-Düring-Schmaltz
AktG	=	Aktiengesetz
BGBl	=	Bundesgesetzblatt
BiRiLiG	=	Bilanzrichtliniengesetz
BSE	=	Bekanntmachung zur Schließung der Erwartungslücke
CA	=	Chartered Accountant
CPA	=	Certified Public Accountant
DB	=	Der Betrieb (Zeitschrift)
DEPP	=	Deutscher elitärer Prüfer-Prüfer
DRSC	=	Deutsches Rechnungslegungs Standards Committee
DRS	=	Deutscher Rechnungslegungs-Standard
DSR	=	Deutscher Standardisierungsrat
EStG	=	Einkommensteuergesetz
FASB	=	Financial Accounting Standards Board
FN	=	Fachnachrichten
GAP	=	Gemeiner Abschlussprüfer
GoB	=	Grundsätze ordnungsmäßiger Buchführung
HFA	=	Hauptfachausschuss
HGB	=	Handelsgesetzbuch
Hrsg.	=	Herausgeber
IAS	=	International Accounting Standard
IASC	=	International Accounting Standards Committee
IDW	=	Institut der Wirtschaftsprüfer
IPO	=	Initial Private Offer
KapAEG	=	Kapitalaufnahmeerleichterungsgesetz
KonTraG	=	Gesetz zur Kontrolle und Transparenz im Unternehmensbereich
PAP	=	Prüfer der Abschlussprüfer
PKK	=	Prüferkontrollkommission
QuaKo	=	Qualitätskontrollbeirat
RegE	=	Regierungsentwurf

RGBl.	=	Reichsgesetzblatt
S.	=	Seite
TÜV	=	Testat-Überwachungs-Verein
US-GAAP	=	US-amerikanische Genrally Accepted Accounting Principles
WP	=	Wirtschaftsprüfer
WPg	=	Die Wirtschaftsprüfung (Zeitschrift)
WPK	=	Wirtschaftsprüferkammer
WPO	=	Wirtschaftsprüferordnung
ZAP	=	Zertifizierter Abschlussprüfer

I. Der Wirtschaftsprüfer in biologischer Sicht

1. Natürliches Vorkommen

a) Entdeckung und Einordnung der Wirtschaftsprüfer

Die Wirtschaftsprüfer tauchten erstmals 1931 in Deutschland auf[1]. Ihre zunächst kleine Population wurde von der breiten Öffentlichkeit kaum wahrgenommen. Auch die Wissenschaft nahm von ihr nur zögernd Kenntnis. Immerhin notierten neugierige Wildhüter[2] recht früh einen bemerkenswerten Überlebenswillen der Wirtschaftsprüfer. Zur Arterhaltung unterwarfen sich die Wirtschaftsprüfer mehrere schwächer gekennzeichnete Mitarbeiter und fungierten als Leittiere der so entstandenen Prüferherden. Dieses Leitwesen unterdrückte offenbar ihren Vermehrungsdrang, denn erst seit den Siebzigerjahren rühren sich bei den Wirtschaftsprüfern nennenswerte Fortpflanzungstriebe.

Die *natürliche Aufzucht von Wirtschaftsprüfern* stellte sich als außerordentlich schwierig und langwierig heraus. Die WP-Reife wurde frühestens im Alter von 30 Jahren und nach einer mindestens sechsjährigen Praxis erreicht, die nach einem abgeschlossenen Hochschulstudium einsetzte. Erst nach dem Krieg konnten die Bestände an Wirtschaftsprüfern durch künstliche Befruchtung in Form von erleichterten Übergangsprüfungen für Rechtsanwälte, vereidigte Buchprüfer und Steuerberater nennenswert vergrößert werden.

Die Bedrohung durch verwandte Arten, die im ausgehenden 20. Jahrhundert ebenfalls erheblich zunahm, hat den Fortpflanzungstrieb der Wirtschaftsprüfer dann doch stärker aufkeimen lassen. Im Wege der Evolution haben sich in den letzten Jahren wesentliche kürzere Tragzeiten entwickelt, so dass sich die Wirtschaftsprüfer in jüngster Zeit wundersam vermehrt haben. Gegenwärtig wird ihre Population auf etwa 10.000 gefechtsreife Exemplare geschätzt.

Unter dem Schutz immer größer werdender Herdenverbände – der biologische Laie spricht von Prüfungsgesellschaften – verjüngten sich die Prüfer-

1 Verordnung des Reichspräsidenten über Aktienrecht, Bankenaufsicht und über eine Steueramnestie vom 19.9.1931, RGBl I, S. 493.

2 Nachzulesen bei *Jennewein*, Notizen von der Pirsch nördlich der Alpen, München 1934.

herden. Sie setzen sich heute vornehmlich aus durch die Praxis noch wenig verdorbenen Hochschulabgängern zusammen, die noch nicht die WP-Reife erreicht haben und die von einem mehr oder weniger erfahrenen Wirtschaftsprüfer durch die Wüste der Rechnungslegung geleitet werden.

Die *biologische Einordnung* der Wirtschaftsprüfer ist bis heute nicht abschließend geklärt[3]. Von der herrschenden Lehre werden die Wirtschaftsprüfer zu den Primaten gerechnet[4]. Als dominierende Rasse werden die Abschlussprüfer angesehen (siehe dazu und zu ihren Mutationen Kapitel VI,1).

Lange Zeit suchte man vergeblich nach Wirtschaftsprüfern weiblichen Geschlechts, so dass ernste Zweifel an ihrer natürlichen Fortpflanzung auftauchten. Verstärkt wurde diese Unsicherheit durch gelegentliche Äußerungen von Wirtschaftsprüfern, die signifikant andeuten, dass Wirtschaftsprüfer oft selbst nicht wissen, ob sie Männlein oder Weiblein sind. Die darauf beruhende Annahme einer bisher unbekannten Art der Selbstbefruchtung erwies sich bald als wissenschaftliche Sackgasse, weil von Wirtschaftsprüfern wenig Fruchtbares hervorgebracht wurde[5].

Die Elite unter den WP-Forschern verständigte sich schließlich auf die – statistisch nicht unwesentlich unterlegte – Arbeitshypothese, dass Wirtschaftsprüfer als undefinierbare Kreuzung aus überzüchteten Betriebswirten, die nicht rechnen können, und entarteten Juristen, die an Zahlen Gefallen finden, zu charakterisieren sind[6].

b) Die natürliche Umgebung

Die ursprüngliche Heimat der Wirtschaftsprüfer ist die karge und wilde *Landschaft der Rechnungslegung*[7]. Sie gleicht einem zerklüfteten Gebirge. Die hochragenden Bilanzberge sind meist von den Wolken des Bilanzlateins eingehüllt, die abgrundtiefen Schluchten der Erfolgsrechnung finster und schwer

3 Siehe dazu *Brehmser*, Klassifizierung und Artenvielfalt – Herausforderung und Aufgabe der modernen Biologie, 3 Bände, München 1997; Band II S. 648 ff.

4 *Blunzmann*, Genetik und Evolution bei den Primaten, 2. Auflage Heidelberg 1998.

5 So schon *Grabowsky*, Die Unfruchtbarkeit der Wirtschaftsprüfer, Düsseldorf 1968. Siehe auch Frosch/Blassmann, Der Wirtschaftsprüfer als Gegenstand wissenschaftlicher Spekulation, Hamburg 1989.

6 *Gluckser*, Wirtschaftsprüfer sind Klasse –wissenschaftliche Streitschrift zur Einstufung der Wirtschaftsprüfer, Hamburg 1969 m.w.N.

7 *Baedeker-Neumann,* Reise in ein wildes Land, 8. Auflage, München 1999. Sehr ausführlich: *Buttermann*, Die Rechnungslegungslandschaft und ihre Bewohner, Düsseldorf 1998.

zugänglich und die Anhänge mit einem Geflecht von verkrüppelten Erläuterungen bedeckt. Die schroffen Felsen der Bilanzposten wirken bizarr und lassen kaum die unterirdischen Finanzquellen erahnen, die überraschend hier und da sprudelnd ans Licht treten und manchmal zu mächtigen Kapitalflussrechnungen anschwellen. Nur die rauschenden Wasserfälle der Investors Relations übertönen die unheimliche Stille der unwirklichen Rechnungslegungslandschaft.

Die Einheimischen, die man gemeinhin als *Bilanzaufsteller*[8] bezeichnet, haben sich an die dünne Luft der Bilanzpolitik gewöhnt. Sie leben von der Jagd nach dem legendären Shareholder Value und ernähren sich vor allem von dem Käse, den sie aus der bilanzmäßigen Fermentation der Vermögens-, Finanz- und Ertragslage produzieren.

Die Anführer der Bilanzaufsteller werden Topmanager genannt. Wie und warum ein Bilanzaufsteller Topmanager wird, ist immer noch ein nicht entschlüsseltes Geheimnis. Topmanager gelten als furchtlos, scheuen aber die Täler der Realität und die Höhe von Rückstellungen.

Von Zeit zu Zeit durchstreifen zum Schrecken der Ureinwohner fiskalisch abgebrühte Finanzbeamte und –richter als unbarmherzige *Wilderer* das unwegbare Terrain[9]. Sie stehlen den Bilanzaufstellern nicht nur die Zeit, sondern rauben ihnen auch den Verstand. Sie verlangen den Zehnten als Beute und meinen damit mindestens zwei Drittel der gesamten Habe der Bilanzaufsteller und drängen sie so in die Armut oder zur Steuerflucht. Darüber hinaus fordern sie zusätzliche Abgaben als Solidaritätsbeitrag, Ökosteuer u.ä. Die schmerzlichen Spuren ihrer Verwüstungen sind unverkennbar.

Zum Schutz von Flora und Fauna in der schwer zugänglichen Rechnungslegungsregion sind *revierstarke Wirtschaftsprüfer* eingesetzt, die mit unhandlichem Gepäck, aber dennoch mit erstaunlicher Behändigkeit in dem Geröll von Bilanz- und Erfolgsposten ihren Weg suchen. Sie können sich offenbar schwindelfrei auf dem schmalen Grat ordnungsmäßiger Buchführung bewegen und fürchten sich nicht vor den Lawinen des Bilanzsteuerrechts, von denen sie nicht selten begraben werden.

8 *Erbsenzähler*, Vom Fallen- zum Bilanzaufsteller, Berlin 1991, S. 22.
9 *Nimbus*, Wegelagerei in der Bilanzregion, Bonn 1982.

Markierte Wege gibt es in der Rechnungslegungslandschaft kaum, zumal die Stürme eigensinniger Managemententscheidungen und die heftigen Niederschläge unzureichender Überwachung die natürlichen Gegebenheiten rasch verändern. Nur erprobte Seilschaften können hier überleben. Die unsystematisch angebrachten Prüfungszeichen der Wirtschaftsprüfer erweisen sich für den unbewanderten Wanderer leicht als irreführend. Selbst der Kompass der Rechnungslegungsgrundsätze erweist sich wegen der starken Magnetfelder der Bilanzpolitik als unzuverlässig.

Der *Bilanztourismus* entwickelt sich daher nur langsam. Selbst die Gewerkschaften, die überall mitbestimmen wollen, setzen nur zögernd ihren Pferdefuss in dieses unübersichtliche Gebiet. Hochschullehrer, Journalisten und andere Laien brillieren zwar durch faszinierende Reisebeschreibungen, die sie aus Schilderungen Dritter abschreiben. Sie selbst haben die Region noch nie betreten und blicken von Ferne entzückt auf die gleißenden Gletscher der internationalen Rechnungslegung oder auf verloschene Vulkane von Gläubigerschutz und Vorsichtsprinzip.

Von Amts und ihrer Naturverbundenheit wegen dürfen *Aufsichtsräte* die schreckliche Rechnungslegungslandschaft nicht umgehen. Dennoch wagen sich nur die Mutigsten in die unheimliche Bilanzwelt. Sie verlassen sich dabei auf die Wirtschaftsprüfer als Sherpas, denen sie blind vertrauen. Viele scheitern allerdings sehr rasch an den ungewohnten Anstrengungen in der sauerstoffarmen Luft der Rechnungslegung und halten sich daher von ihr gänzlich fern. Zum Ausgleich zitieren sie gerne aus fantasievollen Reiseromanen, die ihnen von den Bilanzaufstellern nahegebracht werden.

c) Das Treiben in freier Wildbahn

Heutzutage trifft man Wirtschaftsprüfer nicht nur in dem Gebiet der Rechnungslegung. In den letzten Jahren haben sie sich neue Lebensräume erobert, so dass man sie heute überall in der Wildnis der Unternehmensprüfung und -beratung entdecken kann. Sie leben vorwiegend in und von Unternehmen. Ihrem gebremsten Vermehrungstrieb verdanken sie es, dass ihr Auftreten nicht als Plage empfunden wird.

Lange Zeit hielt man die Wirtschaftsprüfer für reine Nomaden, die auf der Suche nach Nahrung von einem Unternehmen zum nächsten ziehen. Inzwischen gelten sie in vielen Unternehmen als domestiziert. Extremistische Naturschützer, die den *Ur-Wirtschaftsprüfer* deshalb für eine bedrohte Art halten[10], treten für einen ständigen Prüferwechsel ein, nachdem die Auswilderung gezähmter Wirtschaftsprüfer bisher wenig erfolgreich verlaufen ist.

Kein unternehmerisches oder betriebliches Tätigkeitsfeld ist heute vor den Wirtschaftsprüfern sicher. Wie andere Berater auch, grasen sie dort, wo es etwas zu grasen gibt. Selbst der Anwaltsverein, der seine Weidegründe lange Zeit energisch verteidigt hat, scheint zu resignieren, nachdem Anwalt-GmbHs als Tochterunternehmen von Wirtschaftsprüfungsgesellschaften wie Pilze aus dem Boden schießen. Inzwischen dürfen sich sogar Rechtsanwalts-Notare mit Wirtschaftsprüfern paaren.

In zunehmendem Ausmaß springt die breite Elite der Wirtschaftsprüfer über die nationalen Weidezäune und äst mit ausländischen Artgenossen auf internationalen Gefilden. Dabei kann es nicht ausbleiben, dass sich die unterschiedlichen Arten mischen und neuartige Kreuzungen die *Artenvielfalt* der Wirtschaftsprüfer erhöhen. Manche Anzeichen sprechen dafür, dass die Erkenntniswerkzeuge der Mischlinge der harten Wirklichkeit besser angepasst sind als die Sinne der reinrassigen Wirtschaftsprüfer[11].

Nach der Wiedervereinigung sind auch die neuen Bundesländer rasch mit Wirtschaftsprüfern geflutet worden. Als Hauptsiel fungierte dabei die Treuhandanstalt, bei der viele Unternehmen baden gingen. Inzwischen können die ostdeutschen Wirtschaftsprüfer den westdeutschen das Wasser reichen, das ihnen manchmal bis zum Hals steht.

Aufschlussreich ist es, die *Wirtschaftsprüfer im Jahresverlauf* zu beobachten. Wirtschaftsprüfer sind winteraktiv. Ihre Hauptjagdzeit liegt zwischen Allerheiligen und Ostern[12]. In der Schonzeit zwischen Johanni und Mariä Himmelfahrt ziehen sie sich weitgehend auf die Steuer- und sonstige Unternehmensberatung zurück, richten ihr zerrupftes GoB-Verständnis her und widmen sich intensiver ihrer Nachkommenschaft. Die Hauptgebärzeit für Wirtschaftsprüfer liegt in der 5. Jahreszeit[13], was von vielen Kennern als bemerkenswert angesehen wird, weil es manche Eigenarten der Wirtschaftsprüfer erklärt.

10 *Fröstel*, Wo soll das enden?, München 2000.
11 Vgl. *Popper*, Evolutionäre Theorie der Wissenschaftsentwicklung, London 1972.
12 Die Behauptung, dass es deshalb unter den Wirtschaftsprüfern mehr Radfahrer als Skifahrer gibt, entbehrt zwar nicht einer gewissen Logik, führt aber zu falschen Assoziationen.
13 In dieser fruchtbaren Zeit erscheinen auch die wegweisenden Fachaufsätze des Autors.

2. Die Sinne der Wirtschaftsprüfer

Abgesehen von wenigen Experten, die noch nie einen Jahresabschluss aufgestellt oder geprüft haben, geht man generell davon aus, dass Wirtschaftsprüfer ihren Sinn haben. In breitem Umfang wird sogar die Frage bejaht, ob die Wirtschaftsprüfer ihre fünf Sinne beisammen haben, obwohl ihre Sinnesorgane unterschiedlich stark entwickelt sind[14].

Am stärksten ist bei den Wirtschaftsprüfern das *Riechorgan* ausgebildet, weil sie von Berufs wegen ihre Nasen in fremde Angelegenheiten stecken, um testieren zu können, dass diese zutreffend dargestellt sind. Bei den domestizierten Wirtschaftsprüfern konnten allerdings artbedrohende Geruchsschwächen beobachtet werden. Die Zuchtverbände fühlen sich daher aufgerufen strengere Abrichtmaßnahmen zu fordern und durch resistente Neuzüchtigungen[15] dem unerwünschten Trend entgegenzuwirken.

Mit seinen feinen *Geschmacksnerven* testet der Wirtschaftsprüfer die Bilanzpolitik des Mandanten, bevor er sie schluckt. Zum Erhalt des Mandats ist der Wirtschaftsprüfer auch bitterer Kost nicht abgeneigt und verweigert sich nicht schwer verdaulicher Nahrung. Gegen die Giftstoffe der Bilanzfälschung scheint der Wirtschaftsprüfer weitgehend immun zu sein.

Von der *Hörkraft* der Wirtschaftsprüfer gibt es sagenhafte Vorstellungen[16]. Der Wirtschaftsprüfer soll sogar hören können, wenn Gras über Fehlentscheidungen des Managements wächst. Dieses erstaunliche Gehör konnte allerdings wissenschaftlich noch nicht exakt gemessen werden, weil Wirtschaftsprüfer zu schnell die Ohren anlegen. In diesem Zusammenhang darf auch nicht vergessen werden, dass Bilanzaufsteller die Ohrenbeichte prinzipiell ablehnen.

Die *Sehkraft* der Wirtschaftsprüfer ist durch die umfangreiche Fachlektüre getrübt, mit der sie sich unablässig beschäftigen müssen. Wirtschaftsprüfer sind ausgesprochene Nachseher. Sie müssen dem Bilanzaufsteller nachsehen, was er bilanziert hat. Als Nachseher fällt es den Wirtschaftsprüfern schwer,

14 Die fundamentalen Erkenntnisse gehen zurück auf *Nieser*, Sinn und Sinne der Wirtschaftsprüfer – Langzeittests und Feldversuche in den 70er und 80er Jahren, Köln 1995.

15 *Hakelmacher*, Schwellenängste der Wirtschaftsprüfer, WPg 2000, S. 215 f.

16 Siehe auch *Leisetreter*, Hören und Sehen der Vergehen, Hamburg 1982.

Dinge im voraus zu erkennen, z.B. eine Existenz bedrohende Entwicklung des Unternehmens, bei der die Gläubiger dann das Nachsehen haben.

Infolge der ihnen auferlegte Schweigepflicht ist das *Mundwerkzeug* der Wirtschaftsprüfer unterentwickelt. Unter ihresgleichen verständigen sich die Wirtschaftsprüfer mit geheimnisvollen Prüfungszeichen. Diese konnten inzwischen zu einem großen Teil entziffert werden[17]. Man weiß daher, dass sie wenig besagen. Gegenüber Dritten geben Wirtschaftsprüfer selbst bei kritischen Situationen nur sehr verhalten Laut, so dass sie von oberflächlichen Beobachtern als scheu oder unsensibel empfunden werden[18]. Das Gesetz zur Kontrolle und Transparenz im Unternehmensbereich (KonTraG)[19] ist der groß angelegte Versuch, die Wirtschaftsprüfer gesprächiger zu machen. Noch ist offen, ob dieses gewagte Experiment gelingt.

Namhafte Forscher[20] sind sich trotz der erkannten Schwächen darin einig, dass der *Spürsinn* der Wirtschaftsprüfer ausreicht, um sich an die tatsächliche Lage des Unternehmens heran zu tasten. Dieselben Wissenschaftler sprechen andererseits den Wirtschaftsprüfern einen sechsten oder gar siebten Sinn ab, obwohl das vorliegende Buch bezeugt, dass auch der Unsinn bei ihnen vorkommt.

Die zögerliche Aufdeckung existenzbedrohender Entwicklungen von geprüften Unternehmens hat die Frage ausgelöst, ob der Wirtschaftsprüfer nur ein beschränktes *Wahrnehmungsvermögen* besitzt. Es gibt sogar voreingenommene Kritiker, die darin eine typische Eigenschaft des Wirtschaftsprüfers vermuten. Da einem Wirtschaftsprüfer aber alles zuzutrauen ist, darf an seinem Wahrnehmungsvermögen nicht gezweifelt werden, denn auch dies ist ihm zuzutrauen.

Wegen des allumfassenden Zutrauens, das Wirtschaftsprüfer gemeinhin genießen, kann jedoch nicht ausgeschlossen werden, dass der Wirtschaftsprüfer bestimmte Tatsachen nicht zur Kenntnis nehmen will. Sein selektiver

---

17 *Knörrich*, Von den Runen zum Prüfungshaken, Köln 1987; sehr viel eingehender Ergänzungsband IV, Köln 1993.

18 *Meinheimer*, Schweigsamkeit und Schweigepflicht – Wesen, Unterschiede und Abhängigkeiten. Diss. Hamburg 1997.

19 Vom 27.4.1998, BGBl I, S. 786 ff.

20 *Mullenkopp*, Reicht der Spürsinn des Abschlussprüfers?, Freiburg 1996; *Liebstöckel*, Und er merkt es doch, Passau 1997; *Von der Socke,* Das Imaginationsvermögen des Abschlussprüfers, Frankfurt 1998, *Schmoller*, Findungsgabe und Sinnmangel , Hamburg 1998.

Wahrnehmungswille, der sehr wohl vom Wahrnehmungsvermögen zu unterscheiden ist, schließt jene Tatbestände aus, die bei der testatorientierten Abwicklung der Abschlussprüfung stören können. Unmissverständlich kommt das zum Beispiel darin zum Ausdruck, dass der Abschlussprüfer in seinem Bericht ausdrücklich darauf hinweist, dass seine Prüfung nicht auf die Aufdekkung von Unterschlagungen angelegt ist.

In Anbetracht der knappen Zeit, die dem Wirtschaftsprüfer zur Durchführung der Abschlussprüfung vom Mandanten zugebilligt wird, gehört der selektive Wahrnehmungswille zum Überlebensschutz des Wirtschaftsprüfers. Es ist allgemein anerkannt, dass der Wirtschaftsprüfer nur in Stichproben prüfen kann, so dass insoweit die selektive Wahrnehmung systemimmanent ist.

Es darf andererseits nicht überraschen, dass der Wirtschaftsprüfer wegen seines selektiven Wahrnehmungswillens von vielen Mandanten besonders geschätzt wird. Sie sehen darin ein Vertrauen bildendes Verhalten. Trostreich mag in diesem Zusammenhang sein, dass auch andere angesehene Berufe die selektive Wahrnehmung ausüben. Ein prominentes Beispiel ist der Aufsichtsrat[21].

21 Siehe dazu Kapitel III, 2.

3. Die Ernährung[22]

Wirtschaftsprüfer leben hauptsächlich von geistiger Nahrung, deren Grundlage das schwer verdauliche Bilanzrecht bildet. Zur *Vitaminisierung* wurde schon recht früh der ADS[23] beigemischt, und zwar von Auflage zu Auflage in größerer Dosis. Seit 1987 werden zusätzliche voluminöse Bilanzkommentare beigegeben, um das Futter schlackenreicher zu machen. Die Vielfalt der Beigaben soll die bei einseitiger Gesetzeskost immer wieder auftretenden Magenbeschwerden verringern.

Neues Baugrimmen verursacht das KonTraG. Hier laufen derzeit Erfolg versprechende Versuche mit *Enzymen* in Form von deutschen Rechnungslegungsstandards des Deutschen Rechnungslegungs Standards Committee (DRSC) und von Prüfungsstandards des Instituts der Wirtschaftsprüfer (IDW), die die Mahlzeiten vielseitiger gestalten sollen. Die täglich einzunehmenden Standardmengen rufen allerdings in vielen Fällen Schluckbeschwerden hervor[24].

Häufig leiden Wirtschaftsprüfer an *Magengeschwüren*, die durch fiskalische Erreger verursacht werden, die gegen die Grundsätze ordnungsmäßiger Buchführung immun sind und die wirtschaftliche Vernunft angreifen. Sie zersetzen nicht nur das Bilanzsteuerrecht, von dem viele Wirtschaftsprüfer nicht lassen können. Über das Maßgeblichkeitsprinzip befallen sie auch die Handelsbilanz als wichtigste Ernährungsgrundlage der Wirtschaftsprüfer. Experten warnen bereits vor der Einnahme des Maßgeblichkeitsprinzips, weil es sein Verfalldatum überschritten hat und Koliken auslösen kann.

Entlastung erhofft man sich von einem seichteren Bilanzrecht, das alle diejenigen ablehnen, die noch nie einen Jahres- oder Konzernabschluss aufgestellt haben. Schwer verdauliche Brocken wie das Imparitätsprinzip sollen durch internationale Rechnungslegungsgrundsätze aufgeweicht werden. Ob damit die Verdauungsstörungen zurückgehen, ist zweifelhaft, denn die neuar-

---

22 *Oetker*, Prüfungsgerichte und –diäten in unserer Zeit; Nährwert und neue Rezepte, Bielefeld 1999.

23 *Adler-Düring-Schmaltz*, Rechnungslegung und Prüfung der Unternehmen, 6. Auflage, Stuttgart 1997. 1. Auflage 1938.

24 *Bäuerchen*, Was der Abschlussprüfer alles schlucken muss; in Kaludrigkeit (Hrsg.), Wundschau der Revision, München 1998, S. 762 ff.

tige Spezialkost enthält manch exotische Zutaten, die vielen Rechnungslegern nicht schmecken.

Nach heutigem Kenntnisstand kann noch nicht abschließend beurteilt werden, ob eine *Mischkost* aus flockigen Bilanzregeln, nahezu unverdaulichem Steuerrecht und abwechslungsreicher Managementlehre das Wohlbefinden des Berufsstandes wieder herstellen und womöglich steigern kann.

4. Der Wirtschaftsprüfer als Mensch

a) Wunsch und Wirklichkeit

Trotz der Wunschvorstellung, dass der Wirtschaftsprüfer scharfsichtig wie ein Falke, wachsam wie die Gänse auf dem Kapitol, in Bezug auf kritische Entwicklungen geschwätzig wie eine Elster und schließlich innerlich gefügt wie ein Betonpfahl sein möge, muss man den Wirtschaftsprüfer doch in erster Linie als Mensch verstehen. Das fällt normalen Menschen wegen der unverständlichen beruflichen Äußerungen der Wirtschaftsprüfer nicht immer ganz leicht. Hier sind Geduld und viel guter Wille gefragt.

Zugute halten muss man dem Wirtschaftsprüfer zunächst seinen hohen *Ausbildungsgrad.* 86,8 % der Wirtschaftsprüfer haben promoviert oder an eine Promotion gedacht. Angesichts dieser überdurchschnittlichen Quote muss man anerkennen, dass den Wirtschaftsprüfern schon als Akademiker einfache Formulierungen versagt sind. Als Experten ist ihnen der Gebrauch unerklärlicher Fachausdrücke vorgegeben[25].

Schließlich ist die Tatsache zu berücksichtigen, dass ein großer Teil der Wirtschaftsprüfer seine Tätigkeit weitgehend nomadisch ausübt[26] und daher kaum Gelegenheit findet, zu sich selbst zu kommen. Das erschwert normale gesellschaftliche Kontakte. Der Wirtschaftsprüfer wird oft mit seiner Meinung allein gelassen, an die er sich solange hartnäckig klammert bis er nachgibt.

Es verwundert daher nicht, dass der Wirtschaftsprüfer seine brillanten Leistungen nicht im Lärm von Fachkongressen und medienwirksamen Auftritten in der Öffentlichkeit vollbringt, sondern in der Stille der meist spartanisch eingerichteten Prüferstube[27]. Er schätzt die kontemplative Zweisamkeit mit einem Bilanzkommentar mehr als die laute Geselligkeit internationaler Tagungen. Das macht ihn zwar gegenüber ausländischen Kollegen kommunikativ unterlegen, kommt aber seiner fachlichen Kompetenz zugute, die weniger auf das Wesentliche als auf das Prinzipielle abstellt.

---

25 Siehe dazu auch Kapitel VII, 1.

26 Interessante Aspekte finden sich bei *Hornbostel*, Die Wanderameise und verwandte Arten, Frankfurt 1956.

27 Hartnäckig hält sich das Gerücht, dass die karge Einrichtung verhindern soll, dass sich Wirtschaftsprüfer beim Mandanten wohl fühlen und ihre Verweildauer zu lange ausdehnen. *Kruxeneder*, Der unbehauste Abschlussprüfer – Beispiele aus Niederbayern, Regensburg 1984.

Aus den *klaustrophilen Neigungen* des Wirtschaftsprüfers lässt sich aber nicht eine krankhafte Furcht vor allen Vorgängen der Außenwelt (Panphobie) diagnostizieren. Wirtschaftsprüfer wurden sogar bei Fußballspielen und bei ähnlichen Open-Air-Großveranstaltungen gesichtet. Gerüchteweise wird sogar verbreitet, dass WP H. und sein Assistent S. anonym, aber regelmäßig und zünftig entkleidet an der Love-Parade in Berlin teilnehmen.

Die Klaustrophilie des Wirtschaftsprüfers, der von einem Mandanten zum nächsten getrieben wird, ist Ausdruck seiner Sehnsucht nach Geborgenheit. Dieser sympathische Zug kann beim besten Willen nicht als Gebrechen bezeichnet werden. Man muss dem Wirtschaftsprüfer höher anrechnen, dass ihn der Gesetzgeber zur Einsamkeit verurteilt.

Damit die emotionalen Bindungen, die ein enger Kontakt zum Mandanten auslösen kann, nicht zu eheähnlichen Unarten führen, sieht § 319 Abs. 3 Nr. 6 HGB vor, dass der Abschlussprüfers bei börsennotierten Aktiengesellschaften gegen einen anderen Abschlussprüfer ausgetauscht werden muss, wenn er selbst oder zumindest persönlich bei demselben Unternehmen innerhalb von zehn Jahren sechs mal testierend tätig war[28]. Vorbild dieser Regelung ist der Austausch verletzter oder schwacher Spieler während eines Fußballspiels[29].

Da Wirtschaftsprüfer sich für unersetzlich halten, dürfte dieser gesetzlich erzwungene Wechsel für sie nicht ohne Schäden an Leib und Seele bleiben. Die *Rotation* der Abschlussprüfer bedeutet den Verzicht auf das vertraute soziale Umfeld und auf die gewohnte Kasinokost, die der Mandant zur Entspannung verkrampfter Abschlussprüfer bereit hält, verbunden mit der Ungewissheit, welche Überraschungen ein neues Mandat bereithält.

Wie aus eingeweihten Kreisen durchgesickert ist, will das Institut der Wirtschaftsprüfer lokale Selbsthilfegruppen initiieren, damit Abschlussprüfer, die in die Wechseljahre kommen, mit möglichen Hormonstörungen, Potenzproblemen und Depressionen konstruktiv umzugehen lernen. Die Aussichten auf geeignete Medikamente zur Bekämpfung der Symptome, die in den nächsten

---

28 Der Gesetzgeber spricht von „interner Rotation" (Begründung RegE, S. 35), weil die Rotation auf die natürliche Person des Abschlussprüfers beschränkt worden ist; die durch sie vertretene juristische Person (Wirtschaftsprüfungsgesellschaft) darf bleiben, wenn sie durch eine andere natürliche Person vertreten wird. Für Einzel-Wirtschaftsprüfer siehe § 319 Abs. 2 Satz 2 HGB.

29 Biegermann, Wechselfälle des Berufslebens, München 1998.

drei bis fünf Jahren auf den Markt kommen, werden als aussichtsreich beurteilt[30].

b) Das Liebes- und Familienleben des Wirtschaftsprüfers

Lange hat der Autor überlegt, ob in diesem seriösen Buch auch das Liebesleben des Wirtschaftsprüfers angesprochen werden darf und wie das berufswürdig geschehen kann. Da sich die bisherige Fachliteratur über Wirtschaftsprüfung in dieser Hinsicht ausschweigt, hat er schließlich beherzt den nachfolgenden Versuch gewagt.

Über das Liebesleben der Wirtschaftsprüfer ist nichts bekannt. Dennoch soll es das geben. Obwohl kein Wirtschaftsprüfer der Teilnahme an Sexskandalen öffentlich überführt worden ist, lautet die *Arbeitshypothese*, dass auch Wirtschaftsprüfer ein Liebesleben haben. Diese Hypothese, die mit der berufsrechtlich geforderten Unbefangenheit der Wirtschaftsprüfer im Einklang steht, beruht zugegebenermaßen auf Vermutungen und Indizien. Einen wesentlichen Anhaltpunkt bietet die Tatsache, dass Wirtschaftsprüfer Kinder haben, deren Ähnlichkeit auf eine gewisse Vaterschaft hindeuten[31].

An dieser Stelle ist die Bemerkung überfällig, dass in diesem Buch vereinfachend immer vom „Wirtschaftsprüfer“ die Rede ist, doch gleichermaßen und mit zusätzlicher Ehrerbietung auch die *Wirtschaftsprüferinnen* angesprochen werden sollen. Soweit auf einige unübersehbare Unarten der Wirtschaftsprüfer aufmerksam gemacht wird, treffen diese auf Wirtschaftsprüferinnen nur in stark abgemilderter Form zu.

Man darf auf Grund anderweitiger Erfahrungen[32] davon ausgehen, dass die Berufspflichten das Liebes- und Familienleben des Wirtschaftsprüfers stark prägen. Dennoch ist die Behauptung, der Wirtschaftsprüfer sei in erster Linie mit seinem Beruf oder mit der Rechnungslegungsliteratur verheiratet, übertrieben; auch andere Berufsausübende unterliegen solchen aus Enttäuschung oder Provokation entstandenen Vorurteilen. Der Berufsangehörige

---

30 Zur Vermeidung von Tierversuchen sind klinische Tests mit Berufsangehörigen angesetzt worden, um das neue Mittel „Qualium“ zu erproben. Ein Durchbruch wird noch in diesem Jahrhundert erwartet (Vgl. Seelenmeier, Die laue Pille, Medizinisches Knochenblatt 1999, Heft 23, S. 12 ff.; Schmulewitz, Tranquilizer für Bosse, Psychotherapeutische Wundschau, 2000, Heft 1, S. 16 ff.).

31 Interessante Hinweise finden sich *Bohringer*, Primus inter Patres, Paderborn 1981.

32 Vgl. u.a. v. *Stackelberg*, Befruchtungsvorgänge bei Stachelbeeren und Stachelschweinen – ein Vergleich, Braunschweig 1976.

leidet schon genug unter dem Vorwurf, dass sein Beruf familienfeindlich sei. In Wirklichkeit betrachtet er nicht nur aus beruflichen Gründen die Familie als steuerbegünstigten Kleinbetrieb zur Erzeugung von Steuerzahlern.

Schon früh wurde die freie Wahl des Ehegatten als Zeichen der für den Wirtschaftsprüfer typischen Unabhängigkeit gewürdigt[33]. Für Unbeteiligte nicht nachvollziehbar ist allerdings, wann und wie die Wahl getroffen wird. Es ist also offen, ob sie durch ein rasches Zupacken geschieht oder ob sich die Auswahl über Jahre hin- und in großen zeitlichen Abständen vollzieht. Ebenso ist unbekannt, welchen Prüfungen er seine Auserwählte unterzieht.

Ein „Anbandeln"[34] während der Berufsausübung ist bei der dem Wirtschaftsprüfer gebotenen Unparteilichkeit nicht problemfrei zu bewerkstelligen[35]. Heimliche Rendezvous mit der Chefbuchhalterin oder gar mit der Sekretärin des Vorstandsvorsitzenden des geprüften Unternehmens kommen durchaus vor. Es überrascht, dass der Berufsangehörige in diesen Fällen einen gesunden Pragmatismus zu entwickeln in der Lage ist[36]. Es ist jedenfalls nicht bekannt, dass die Folgen solcher Annäherungen zu einem nennenswerten Schaden für den Mandanten oder zu einer Schädigung des Ansehens des Wirtschaftsprüferberufs geführt haben.

Starke Anzeichen sprechen dafür, dass dem Wirtschaftsprüfer in den frühen Berufsjahren für die *Paarung* nur das Wochenende bleibt, die man sich infolgedessen als kurz und heftig vorstellen darf. Es soll Wirtschaftsprüfer geben, die nach 12 Jahren Ehe praktisch noch in den Flitterwochen leben. Wirtschaftsprüferehen halten im allgemeinen lebenslänglich, weil die Probleme dauernder Zweisamkeit erst im hohen Alter auftreten.

Die Kindererziehung obliegt dem Ehegatten des Wirtschaftsprüfers, was der Herzens- und Geistesbildung der *Kinder* in der Regel sehr gut bekommt. Für den Wirtschaftsprüfer ist der Kontakt zu seinen Kindern nicht nur durch seine häufige häusliche Abwesenheit erschwert, sondern zusätzlich dadurch,

---

33 *Max-Kinsey-Report*, Aufzucht und Auslese der Wirtschaftsprüfer, Düsseldorf 1976.

34 Siehe dazu *Hintermoser*, Fensterln und andere Zudringlichkeiten zwischen den Geschlechtern in den Alpenländern, München 1964.

35 *Büxelmacher*, Der balzende Wirtschaftsprüfer, München 1998.

36 *Knubbel* führt das auf eine nicht zu unterdrückende Triebhaftigkeit des liebeswerbenden Wirtschaftsprüfers zurück (Trieb und Antrieb als Motor zwischenmenschlicher Beziehungen bei sonst schüchternen Menschen, München 1982, S. 538).

dass er seinen Kindern kaum verständlich machen kann, was ein Wirtschaftsprüfer ist und tut[37].

Strenge und Keuschheit, der sich Wirtschaftsprüfer aus berufsrechtlichen Gründen unterwerfen und die ihnen der Gesetzgeber bei der Abschlussprüfung gegenüber dem Mandanten abverlangt, verfolgen den Wirtschaftsprüfer auch im Privatleben. Ihre Ehegatten müssen insofern viel Nachsicht und Geduld aufbringen. Intime Kenner meinen sogar, dass ohne eine gehörige Portion Humor das gemeinsame Leben mit einem Wirtschaftsprüfer kaum auszuhalten ist. Auf der anderen Seite haben Wirtschaftsprüfer auch ihre guten Seiten. Sie sind von Berufsbeginn daran gewöhnt, ihre Koffer selbst zu packen und sie nur auf Urlaubsreisen von der Ehefrau tragen zu lassen.

Besondere Schwierigkeiten bereitet vielen Wirtschaftsprüfern offenbar der Eintritt in den Ruhestand, weil sie sich ein Leben ohne Rechnungslegung nicht vorstellen können. Die Tatsache, dass für den freiberuflich tätigen Wirtschaftsprüfer kein Pensionierungsalter vorgeschrieben ist, wirkt vorübergehend entspannend, doch wird bei einsetzender Pensionsreife[38] der Zustand für die Familie zunehmend problematisch.

Mehrfach wird von glaubwürdigen Zeugen berichtet, dass Wirtschaftsprüfer ein gestörtes Verhältnis zur Gartenpflege haben[39] und sich im Haushalt auch bei einfachen Arbeiten sehr ungeschickt anstellen. Es wird sogar von ehezerrüttenden Trotzreaktionen berichtet: Nachdem WP J. (63) schon vor Jahren bei der Programmierung des Videorekorders versagt hatte, weigerte er sich nach der Pensionierung hartnäckig, die Waschmaschine zu bedienen[40].

Einfühlsame Ehepartner beschäftigen den auch im Ruhestand leicht nervösen Wirtschaftsprüfer mit der Ablage von Rechnungen und Quittungen, die sie vorher mit den Einkaufszetteln der Gattin abgestimmt haben. WP E. (66) entzog sich den häuslichen Pflichten für mehrere Wochen mit dem Vorwand, dass er die Geschäftsberichte der DAX- und Nemax-Gesellschaften zu überprüfen habe.

37 Volksschullehrer beklagen wiederholt die Unsicherheit von Wirtschaftsprüfer-Kindern, wenn diese nach dem Beruf ihres Vater gefragt werden. Führende Pädagogen geben gleichzeitig zu, sich vom Beruf des Wirtschaftsprüfers keine Vorstellungen machen zu können.

38 Siehe dazu ausführlich *Hakelmacher*, Die Entsorgung von Wirtschaftsprüfers, WPg 1997, S. 91 f.

39 *Brummer*, Ein Gartenzwerg ist genug, Nürnberg 1987, S. 102 f.

40 *Wehmeier*, Der Videorekorder als mentale Herausforderung, Stuttgart 1993, S. 210.

II. Der Berufsstand der Wirtschaftsprüfer

1. Der geschichtliche Hintergrund

a) Notgeburt und frühe Jahre

Der Berufsstand der Wirtschaftsprüfer wurde durch die *Notverordnung von 1931*[41] geschaffen. Von da ab erschwerte er seine Erweiterung durch eine haarige Zulassungsprüfung, die nur zögernd vermenschlicht wurde.

In ihrer pubertären Phase beschäftigten sich die Wirtschaftsprüfer vornehmlich mit Jahresabschlüssen und mit den Leitsätzen für die Preisermittlung auf Grund von Selbstkosten bei Leistungen für den öffentlichen Auftraggeber (LSÖ)[42]. Ihre fachliche Meisterschaft kulminierte mit den *D-Mark-Eröffnungsbilanzen von 1948*, deren Werte noch heute als Fundament historischer Anschaffungs- oder Herstellungskosten gelten. In dieser Gloriole nahmen die Wirtschaftsprüfer mehr oder weniger still am wirtschaftlichen Aufschwung der jungen Bundesrepublik Deutschland teil.

Auf der Fachtagung 1968 des Instituts der Wirtschaftsprüfer sprach der Bundeswirtschaftsminister davon, dass in dem Pilgerzug der Wirtschaft in die goldenen Siebzigerjahre die Wirtschaftsprüfer Dank ihrer besonderen Weihen einen besonderen Platz einnehmen werden, da ihnen seit jeher gestattet sei, im Allerheiligsten der Unternehmen einzugehen[43]. Es war daher eine hehre Verpflichtung des Berufsstandes, auf diesem vorgezeichneten Weg würdevoll voranzuschreiten.

b) Die Öffnung zum Ausland

Bei diesem Vormarsch zeichnete sich infolge der starken Exporttätigkeit der deutschen Wirtschaft kurz nach dem Start ab, dass allen Dementis zum Trotz die Entwicklung vom schlichten Wirtschaftsprüfer zum *international auftretenden Wirtschaftsprüfer* nicht mehr aufzuhalten war. Anfangs hielt man dafür einen 14tägigen Auslandsaufenthalt unter beruflichem Vorwand

41 Verordnung des Reichspräsidenten über Aktienrecht, Bankenaufsicht und über eine Steueramnestie vom 19.9.1931, RGBl I, S. 493.

42 Vom 15.11.1938, neu gefasst am 12.2.1942, abgelöst durch die LSP = Leitsätze für die Preisermittlung aufgrund Selbstkosten.

43 *Hakelmacher*, Meditationen über neue Wege der Wirtschaftsprüfung, WPg 1969, S. 101.

(deutschsprachiges Ausland ausgenommen) und die Beherrschung gewisser anglo-amerikanischer Fachausdrücke, die deutsche Begriffe und bekannte Erkenntnisse verwirrend ausdrücken, für ausreichend. Ehrgeizige Protagonisten abonnierten sogar eine fremdsprachige Fachzeitschrift[44].

Es zeigte sich aber bald, dass ein entscheidender Mangel der beruflichen Aus- und Fortbildung der Wirtschaftsprüfer darin lag, dass sie zwar zwischen Rücklagen und Rückstellungen theoretisch differenzieren konnten, praktisch aber nicht in der Lage waren, blind zwischen schottischem und irischem Whisky zu unterscheiden. Diese und ähnliche nützliche Fähigkeiten mussten von den Wirtschaftsprüfern durch aufwendige Teilnahme an internationalen Fachkongressen mühsam erarbeitet werden.

Die fehlende systematische Ausbildung zum weltgewandten Wirtschaftsprüfer erklärt, dass unerfahrene Berufsangehörige die Arbeitssitzungen internationaler Fachkongresse besuchten und damit deren organisatorischen Ablauf behinderten. Durch bereitwillige Hinweise erfahrener Kongressteilnehmer und die rasche Auffassungsgabe der Wirtschaftsprüfer wurde dieser schmerzliche Zustand allerdings schnell überwunden. Die Arbeitsgruppen schrumpften bald wieder auf die üblichen 5% der ursprünglichen Anmeldungen von Teilnehmern zusammen. Da die Produktivität einer Arbeitsgruppe umgekehrt proportional zur Teilnehmerzahl lag, konnte sie durchaus bei einer Diskussion von 34 der 186 vorgesehen Fachfragen 136 qualifizierte Diskussionsergebnisse vorlegen[45].

Die wenigen extrovertierten, von Natur aus anpassungsfähigen Wirtschaftsprüfer lernten schnell, zum partypolitisch optimalen Zeitpunkt[46] auf einem Empfang zu erscheinen. Mit dem abgeklärten Blick des hartgesottenen Professionals erspähten sie sofort alle respektablen Funktionäre des Berufsstandes. Noch wichtiger war ihr Instinkt, mit dem sie sogleich auftragsanfällige Mandanten erkannten.

Nach kurzem, aber zielsicherem Zugriff zum kalten Bufett bewies der gesellschaftlich gewandte Wirtschaftsprüfer seine imageprägende Kunstfertig-

---

44 *Moser*, How to become an international Professional, Wien 1966.

45 *Kokoschinski*, Sinn und Nutzen von Fachkongressen – Versuch einer Kosten-Nutzen-Analyse, Düsseldorf 1976.

46 Dieser Zeitpunkt und die Ortung der wichtigsten Partygäste richten sich nach der Cocktailformel von Parkinson (Parkinsons Law, London 1985 (Reprint), S. 61 ff.).

keit, mit der er seine Gesprächspartner beeindruckte. Sie bestand vor allem darin, in möglichst kurzer Zeit unaufgefordert klarzumachen, dass er wegen der Verbundenheit mit seinem prominenten Berufskollegen bzw. aus Fürsorge für den potentiellen Mandanten entsagungsvoll ein hochkarätiges Meeting mit seinen ausländischen Partnern unterbrochen hat.

c) Harmonisierung der Rechnungslegung in Europa

Der Beginn der Achtzigerjahre stand im Zeichen der Harmonisierung der Rechnungslegung in Europa und den entsprechenden nationalen Verformungsbemühungen. Es ging zugleich um eine *Aufwertung der Rechnungslegung*, deren Dringlichkeit durch alarmierende Untersuchungsergebnisse unterstrichen wurde[47]. Damals glaubten selbst namhafte Unternehmen, mit vordergründigen Zielsetzungen wie Sicherung von Ertragskraft und Liquidität auf Dauer bestehen zu können, anstatt ihre eigentliche Aufgabe und Zwecksetzung in der Rechnungslegung und Bilanzierung zu sehen. Manche Großunternehmen verstiegen sich sogar zu der fatalen Einstellung, dass die strategische Planung wichtiger sei[48].

Zugleich wurde mit dem Beitritt Großbritanniens zur Europäischen Gemeinschaft erschreckend deutlich, dass verschiedene Länder des europäischen Kontinents, namentlich die Bundesrepublik Deutschland, hartnäckig an Rechnungslegungsgrundsätzen festhielten, die deshalb unzulänglich und antiquiert waren, weil sie mit der angloamerikanischen Theorie und Praxis nicht übereinstimmten. Eine Schlüsselrolle spielte dabei das mit britischem Nachdruck geforderte „True and Fair View“-Konzept, dessen Stärke darin besteht, dass es keinem Laien verständlich erklärt werden kann.

Es war damals ernsthaft zu befürchten gewesen, dass auf Initiative Großbritanniens die Bundesrepublik Deutschland zum unterentwickelten Land auf dem Gebiet der Rechnungslegung erklärt worden wäre[49]. Die Vorlage stützte sich vor allem auf die Tatsache, dass den über 78.000 Chartered Ac-

47 *Hammer*, Zielkonflikte in der Unternehmensführung, Opladen 1983.

48 Hier kann nur pauschal auf die Grundwerke der Betriebswirtschaftslehre und speziell auf die zahlreichen Veröffentlichungen zu Managementlehren und -techniken in jener Zeit verwiesen werden.

49 *Lewis/Clark*, Underdeveloped Accounting in Developed Countries, London 1975.

countants in Großbritannien einsame 3.800 Wirtschaftsprüfer in Deutschland gegenüberstanden.

Der katastrophale Zustand in jener finsteren Periode der deutschen Rechnungslegung wurde durch das bahnbrechende *QR-Theorem* von Shocking[50] wissenschaftlich untermauert: Die Qualität der Rechnungslegung einer Nation (QR) entspricht der Quadratkopfzahl der zu ihrer Prüfung bereitstehenden Berufsangehörigen dividiert durch die Anzahl der produktiv Beschäftigten. Für die westlichen Industrieländer sah Shocking einen QR-Faktor von 100% als normal an. Während Großbritannien einen QR-Faktor von 126,8 % aufwies, erreichte die Bundesrepublik Deutschland damals nur magere 27,8%.

d) Das BiRiLiG und nachfolgende Überforderungen

Mit der Umsetzung der 4. und 7. EG-Richtlinie[51] zur Dämonisierung der Rechnungslegung in deutsches Recht wurde in 1985 die *Wende zur rechnungslegenden Marktwirtschaft* weitgehend vollzogen. Weitblickende Politiker forderten damals anstelle nicht finanzierbarer Konjunkturprogramme solide Inventurprogramme. Sie wurden bestärkt durch die damals wie heute aktuelle Vorstellung, dass reale Kostensteigerungen nicht durch Produktivitätszuwächse, sondern leichter durch einen höheren Bürokratisierungsgrad kompensiert werden können.

Das Bilanzrichtliniengesetz von 1985 (BiRiLiG)[52] forderte eine stärkere Detaillierung und Offenlegung der Jahres- und Konzernabschlüsse für Kapitalgesellschaften. Diese *exhibitionistische Rechnungslegung* gab dem unternehmerischen Denken neue Impulse. Anstelle strategischer Erfolgspositionen wurden nunmehr Jahresabschlusspositionen als wesentliche Existenzgrundlage der Unternehmen angesehen. Diese bahnbrechende Erkenntnis wurde mit besonderem Nachdruck von professionellen Bilanzanalysten verfochten[53]. Fortschrittliche Unternehmen haben sie unter der Bezeichnung „Investors Relation" zu einem erheblichen Kostenfaktor ausgebaut.

50 The Quality-Accounting in Central Europe, Glasgow 1977.

51 4. Richtlinie des Rates vom 25.7.1978 (78/660/EWG), ABl. Nr. L 222 v. 14.8.1978, S. 11 ff.; 7. Richtlinie des Rates v. 13.6.1983 (3/349/EWG), Abl. Nr. L 193 v. 18.7.1983, S. 1 ff.

52 Gesetz vom 19.12.1985, BGBl I S. 2355 ff.

53 *Irrgang*, Der Starrsinn der kontinentaleuropäischen Rechnungslegung als Grundlage erfolgreicher Bilanzanalyse, Münster 2000.

Eine zusätzliche Chance der beruflichen Erfüllung bot sowohl nostalgischen wie ehrgeizigen Wirtschaftsprüfern die *DM-Eröffnungsbilanz zum 1. Juli 1990*[54]. Die internationalen Rechnungslegungsgrundsätze erschienen demgegenüber unergiebig und fad. Heute mag man angesichts der unaufhaltsamen Globalisierung bedauern, dass sich die Mehrzahl der Wirtschaftsprüfer nicht frühzeitig genug in die Niederungen orbitaler Rechnungslegung begeben haben.

Das *Gesetz zur Kontrolle und Transparenz im Unternehmensbereich* (KonTraG) von 1998[55] hat die Wirtschaftsprüfer voll erwischt; weniger auf falschem Fuß, als mit voller Breitseite. Neben dem KonTraG, das in konzentrierter Tragik den Abschlussprüfer belastet, enthält auch das fast gleichzeitig verkündete Kapitalaufnahmeerleichterungsgesetz (KapAEG)[56] neue Plagen zur Rechnungslegung, die ebenfalls vom Wirtschaftsprüfer zu verarzten sind.

Tragischer Anlass für das KonTraG war die Erwartungslücke, in die die Wirtschaftsprüfer vollends geraten waren, nachdem sie durch literarische Verarbeitung[57] große Popularität erlangt hatte. Daher wäre das KonTraG besser als „BSE", d.h. „Bekanntmachung zur Schließung der Erwartungslükke", bezeichnet worden[58]. Diese eingängige Bezeichnung konnte sich nicht durchsetzen, weil hinter der Erwartungslücke die vom Aufsichtsrat produzierte Überwachungslücke klaffte und die verschärfte Lückenanalyse sogar die Informationslücke zu Tage förderte, für die der Vorstand die Urheberschaft beanspruchte.

Die Irritationen der Rechnungsleger erreichten ihren vorläufigen Höhepunkt durch den neuen § 292a HGB[59]. Hiernach kann unter bestimmten Umständen der Konzernabschluss eines „kapitalmarktorientierten"[60] Mutterunternehmens nach *international anerkannten Rechnungslegungsgrundsätzen*

54 *Greulich*, Spiele für Jung und Alt, Berlin 1991.
55 Gesetz vom 27.4.1998, BGBl I, S. 786 ff.
56 Gesetz zur Verbesserung der Wettbewerbsfähigkeit deutscher Konzerne an Kapitalmärkten und zur Erleichterung der Aufnahme von Gesellschafterdarlehen (Kapitalaufnahmeerleichterungsgesetz – KapAEG) vom 20.4.1998, BGBl. I, S. 707 ff.
57 *Forster*, Zur „Erwartungslücke" bei der Abschlussprüfung, FS Helmrich, München 1994, S. 613 ff.
58 *Hakelmacher*, Bekanntmachung zur Schließung der Erwartungslücke (BSE), WPg 1997, S. 85 f.
59 *Ballhorner*, Chaotische Rechnungslegung der Konzerne als Bestätigung einer reaktionären Bilanzlehre, Berlin 2000.
60 Eine genauere Bezeichnung würde den räumlichen Rahmen dieser Darstellung sprengen. Siehe § 292a Abs. 1 HGB.

aufgestellt werden. Der Haken der großzügigen und daher bis 2004 befristeten Regelung des § 292a HGB besteht darin, dass die angewandten internationalen Rechnungslegungsgrundsätze mit den inzwischen antiquierten EU-Bilanzrichtlinien[61] im Einklang stehen müssen. Die unterschiedlichen Stimmen, ob „Einklang" und „Übereinstimmung" in der Bedeutung übereinstimmen oder ob sie nur im Einklang stehen, werden noch lange nachklingen[62].

Die Grundfesten des deutschen Bilanzrechts beginnen bereits zu schwanken. Der modernen Strömungen zugängliche Topmanager will nach international anerkannten Grundsätzen Rechnung legen, soweit sie seiner Bilanzpolitik entsprechen. Kein Wirtschaftsprüfer von Format wird eingestehen, dass er sich nicht mit diesen Grundsätzen auskennt. Er weiß, was International Accounting Standards (IAS) und US-amerikanische Generally Accepted Accounting Principles (US-GAAP) bedeuten, und erteilt selbst ungefragt Ratschläge zu ihrer Anwendung.

Von historischen Ereignissen, die sich in jüngster Zeit in Deutschland gehäuft haben, konnte auch die Rechnungslegung nicht verschont bleiben. Die Vorsehung hat ihr mit dem privaten Rechnungslegungsgremium nach § 342 HGB ein solches Ereignis beschert (siehe Kapitel V, 3). Da sich die Halbwertzeiten der Rechnungslegungsvorschriften dramatisch verkürzt haben, soll der Verfall der guten alten Bilanzsitten in Zukunft wie im angloamerikanischen Rechtskreis von den Rechnungslegern selbst vollendet werden.

Dazu werden sogenannte *Standard-Setter* gezüchtet. Standard-Setter sind jene armen Hunde, die den Bedürfnissen der Bilanzierungspraxis und den Zwecken der Rechnungslegung mit geeigneten Rechnungslegungsstandards hinterher hetzen.

61 78/660/EWG; 83/349/EWG; 90/605/EWG.

62 Vgl. Deutscher Rechnungslegungs Standard Nr. 1 (DRS 1): Befreiender Konzernabschluss nach § 292a HGB.

2. *Die Organisation*

Die berufsständische Organisation der Wirtschaftsprüfer soll hier der Vollständigkeit halber unvollständig angesprochen werden. Näheres über das segensreiche Wirken der Wirtschaftsprüferkammer und des Instituts der Wirtschaftsprüfer entnehme der geneigte Leser den Selbstdarstellungen dieser Institutionen, die u.a. in Imagebroschüren und Web-Seiten sowie in den WPK-Mitteilungen bzw. den IDW-Fachnachrichten zu finden sind[63]. Im übrigen wird an einschlägigen Stellen auf die verdienstvolle Tätigkeiten der beiden Institutionen Bezug genommen.

Das Grundgesetz des Wirtschaftsprüferberufes ist die *Wirtschaftsprüferordnung* (WPO). In ihr sind u.a. die Zulassungsvoraussetzungen zum Beruf, die Bestellung zum Wirtschaftsprüfer, die Grundsätze der ordentlichen Berufsausübung und ähnliche Zwangsvorstellungen geregelt, unter denen jeder Wirtschaftsprüfer leidet.

Zu den beruflichen Zwängen gehört, dass er zwangsweise Mitglied der *Wirtschaftsprüferkammer*[64] ist. Aufgabe der Wirtschaftsprüferkammer ist es, die beruflichen Belange der Wirtschaftsprüfer insgesamt zu wahren und die Erfüllung der beruflichen Pflichten zu überwachen. Da letzteres dem Berufsstand schwer zusetzt, unterliegt der Wirtschaftsprüfer dem zusätzlichen Zwang, eine Berufshaftpflichtversicherung abzuschließen. Um mäßigend auf die Versicherungsbeiträge zu wirken und den Wirtschaftsprüfern sorgfältiges Arbeiten zu bescheinigen, werden jedes Jahr von der Wirtschaftsprüferkammer die geprüften Jahresabschlüsse auf formale Mängel durchgesehen und die Ergebnisse berichtet[65].

Die Mitgliedschaft in dem ebenfalls hoch angesehenen *Institut der Wirtschaftsprüfer* (IDW)[66] ist dagegen freiwillig. Zum Ausgleich mischt sich das IDW besonders stark in die Angelegenheiten der Wirtschaftsprüfer ein und vertritt mit Nachdruck und Geschick die Überforderungen des Berufsstandes. Das Institut der Wirtschaftsprüfer geht auf hohem Niveau in die uner-

63 Als internationale Organisationen sind die IFAC, das alte IASC und die FEE zu erwähnen.

64 Nicht zu verwechseln mit der Prüferstube, in welcher der Abschlussprüfer u.a. an seinem Entwurf des Prüfungsberichtes bastelt.

65 Vgl. Beilage zu Heft 2/2000 der WPK-Mitteilungen.

66 Im Vergleich zu dem Begriff „Kammer“, der an Monarchie, Minne und Mittelalter erinnert, assoziiert der gebildete Leser mit der Bezeichnung „Institut“ Wissenschaft, Pathologie u.ä..

gründliche Tiefe der beruflichen Facharbeit und manchem Rechnungsleger auf die Nerven.

Das Institut der Wirtschaftsprüfer stellt sich der Laie als eine Art Wirtschaftsprüfer-Gewerkschaft vor und übersieht, dass sich das IDW vernünftiger Weise mit Tarifforderungen zurückhält[67] und nicht zum Streik, sondern zu fachlichem Streit aufruft. 86 % der Wirtschaftsprüfer zählen zu den Mitgliedern des Instituts der Wirtschaftsprüfer. Das Institut hat damit einen Organisationsgrad erreicht, von dem andere Gewerkschaften nur träumen können[68].

Das IDW wird getragen von seinen Mitgliedern, beherrscht von seiner Geschäftsführung und repräsentiert von Vorstand und Verwaltungsrat. Den Wirtschaftsprüfern ist es lieb und teuer wegen seiner fachlichen Verlautbarungen und Veröffentlichungen. Diese Publikationen sind in jüngster Zeit hochwasserartig angeschwollen, so dass der Brückenschlag zur praktischen Berufsausübung nicht mehr zu befürchten ist.

67 Die Vollbeschäftigung der Wirtschaftsprüfer spricht doch Bände.

68 Zum Ausgleich ist der Einfluss der im Deutschen Gewerkschaftsbund (DGB) zusammengeschlossenen Gewerkschaften wesentlich größer als der Zahl und den Interessen der Mitglieder entspricht.

3. Berufsbild und Berufsaufgaben

Das Berufsbild des Wirtschaftsprüfers wird entscheidend von seinem Image geprägt, das durch den Schliff der fachlichen Äußerungen der Wirtschaftsprüfer viele Facetten aufweist.

a) Überblick

Wirtschaftsprüfer können alles, dürfen aber nur vieles. Die zulässigen Tätigkeiten ergeben sich aus § 2 und § 43 ff. WPO. Berufsfernen Beobachtern leuchtet am ehesten ein, dass der Wirtschaftsprüfer für *wirtschaftliche Prüfungen* prädestiniert ist wie z.B. Gründungs-, Verschmelzungs- und Sanierungsprüfungen und vor allem die Abschlussprüfung.

Die gesetzlich vorgeschriebene *Abschlussprüfung* ist dem Wirtschaftsprüfer auf den Leib geschrieben. Sie prägt nachhaltig die Gebärden und das Gebaren der Wirtschaftsprüfer[69]. Das erklärt ihre Ecken und Kanten auf fast natürliche Weise. Die durch schwere Aktentaschen oder Laptop-Schleppen hervorgerufenen Haltungsschäden versucht der Wirtschaftsprüfer durch eine steife Körperhaltung beim Vorwärtsschreiten auszugleichen. Das verleiht ihm zugleich das Fluidum der überlegenen Unnahbarkeit.

So ist es kein Wunder, dass sich der Wirtschaftsprüfer zum Hohepriester der Rechnungslegung berufen fühlt. Als geweihter Bilanzentsorger verwirrt er ungläubige Mandanten und andere Laienbrüder. Die bilanzielle Entsorgung der Kaufleute wird im nachfolgenden Kapitel gebührend problematisiert. Auf die Abschlussprüfung selbst wird näher im Kapitel VI eingegangen.

Das bedrückende Übermaß an fachlichem Wissen, das in jedem Wirtschaftsprüfer-Examen abgefordert wird, musste dazu führen, dass Wirtschaftsprüfer ein kaum zu zügelndes *Ratgebungsbedürfnis* haben. Sie wollen in allen wirtschaftlichen Angelegenheiten gefragt werden. Weil dies zu wenig geschieht, sind volkswirtschaftliche Fehlentwicklungen und betriebliche Katastrophen unvermeidbar.

Da die hohen steuerlichen Belastungen selbst die simpelsten wirtschaftlichen Überlegungen zunichte machen können und das Steuerrecht die sonst

---

69 Grundlegend dazu bereits *Schinder*, Typenprägende Tätigkeiten der Geistesarbeiter, Königsberg 1926.

halbwegs vernünftige Rechnungslegung in zunehmenden Umfang entstellt, kann der wirtschaftsprüfende Alleskönner nicht umhin, einen wesentlichen Teil seiner beruflichen Tätigkeit der *Steuerberatung* zu widmen. Die Steuerberatung hat sich als notwendiges Übel des komplizierten Steuerrechts entwikkelt. Sie wird in Kapitel VIII näher behandelt.

Über diese Grundtätigkeiten hinaus sind Wirtschaftsprüfer trotz ihrer soliden Ausbildung, aber bei vermutetem Sachverstand als betriebswirtschaftliche Berater gefragt. Die *Wirtschaftsberatung* gehört schon lange zu den Berufsaufgaben der Wirtschaftsprüfer. Sie betrifft u.a. die Einrichtung der Buchführung und andere Fragen der Unternehmensorganisation, Probleme der Finanzierung sowie den Kauf oder Verkauf von Unternehmen.

„Wirtschaftsberatung" ist ein aus der Mode gekommener Begriff, weil er die irreführende Vorstellung erweckt, mit Wirtschaftsberatung sei eine betriebswirtschaftliche Prüfung und Würdigung wirtschaftlicher Sachverhalte und Fragestellungen verbunden. In der Tat lagen der Beratung in der Vergangenheit häufig betriebswirtschaftlich anspruchsvolle Wirtschaftlichkeitsbetrachtungen und -rechnungen zugrunde. Ihre unsicheren Grundlagen erforderten jedoch Vorbehalte des Beraters, die den Mandanten in höchstem Maß verunsicherten. Als dann die Forderung erhoben wurde, bei Entdeckung von Rechenfehlern diese sofort richtig zu stellen, wurde diese umständliche Form der Unternehmensberatung weitgehend aufgegeben. Sie stört die Dynamik moderner Unternehmensführung.

Heute zieht sich der Wirtschaftsberater immer mehr an der höheren Unternehmensberatung empor. An diesem lukrativen Geschäft haben aber nicht nur Wirtschaftsprüfer, sondern auch berufsfremde Ratgeber zunehmend Gefallen gefunden. Da der Unternehmensberater sich vieles erlauben darf, aber dem Wirtschaftsprüfer nicht alles gestattet ist, hat der Berufsangehörige ein hohes Handicap zu überwinden. Die moderne Unternehmensberatung wird in Kapitel X näher behandelt.

Wirtschaftsprüfer sind ferner zur *Wahrnehmung fremder Interessen* in wirtschaftlichen Angelegenheiten sowie zur treuhänderischen Verwaltung befugt. Seit den Anfängen des Berufes reichen die Wirtschaftsprüfer Bedürftigen gern ihre Treuhand. Auch die Mitwirkung an Schiedsgerichten, also an vertraglich vereinbarten Spekulationen über den Ausgang von Streitigkeiten unter unzufriedenen Vertragspartnern, gehört zu den gern wahrgenommenen Tätigkeiten der Wirtschaftsprüfer, und zwar sowohl als Schiedsrichter wie als Schiedsgutachter.

Den Wirtschaftsprüfern ist schließlich die *künstlerische Tätigkeit* erlaubt (§ 43 a Abs. 3 Ziff. 7 WPO)[70]. Damit ist u.a. die Mitarbeit im Institut der Wirtschaftsprüfer legitimiert. Sie ist zur Hebung des Berufsstandes unverzichtbar und, wenn karrierefördernd, mit hohem Lustgewinn verbunden. Sie vermag zwar ihre Frau oder ihren Mann nicht zu ernähren, verleiht aber beiden Berufsgreisen hohe Reputation.

b) Wertschätzung der beruflichen Tätigkeiten

Die Wertanmutung der beruflichen Tätigkeiten des Wirtschaftsprüfers sollte dem hohen Ansehen entsprechen, das sich der Berufsstand stets wünscht. Die Tätigkeitsbereiche sind nach objektiven Maßstäben (Häufigkeit, Ansehen außerhalb (!) des Berufsstandes, Honorarniveau) und nach subjektiven Einschätzungen (Lustgewinn für den Wirtschaftsprüfer und Zukunftsaussichten) unterschiedlich zu bewerten. Die Not besteht darin, dass es wegen der unterschiedlichen Umstände, die das Tun und Lassen der Wirtschaftsprüfer beeinflussen, bisher keine allgemein anerkannten Bewertungsverfahren gibt.

Für den verunsicherten Berufsangehörigen, der nach beruflicher Perfektion strebt, mag die folgende Tabelle eine Orientierungshilfe sein, die nicht frei von subjektiven Empfindungen ist und daher geschmackliche Variationen unterworfen ist. Ansehen, Honorarniveau usw. sind mit den Schulnoten 1 bis 6 bewertet worden. Mit dieser Maßgabe gilt: Je niedriger die Notensumme, umso attraktiver ist die Tätigkeit.

70 Siehe dazu *Puhvogel-Riebele*, Könner als Künstler, Worpswede 1992.

Häufig-keit	Tätigkeit	Ansehen	Honorar-niveau	Lust-gewinn	Zukunft	Summe
1	Abschlußprüfung	3	4	3	1	11
2	Steuerberatung	2	3	3	2	10
3	Fachliteratur	4	5	1	4	14
4	Gutachten	2	1	1	3	7
5	Höhere Unternehmensberatung	1	1	1	5	8
6	IDW u. ä.	3	5	2	2	12
7	Treuhandschaften	3	2	2-4	3	10-12

Die nahe bei einander liegenden Werte zeigen, dass unabhängig vom Schwerpunkt seiner Tätigkeit jeder Wirtschaftsprüfer einer befriedigenden Beschäftigung nachgehen kann[71].

Die Wertschätzung der *Abschlussprüfung* leidet an dem unbefriedigenden Honorarniveau[72], weil konkurrierende Wirtschaftsprüfer und Wirtschaftsprüfungsgesellschaften um die begehrten Mandate mit Lockangeboten buhlen[73] und Aufsichtsräte als neue Auftraggeber für den Abschlussprüfer hier die erstmalige Chance sehen, die Aufwendungen für ihr Unternehmen senken zu können und. Dabei spielt auch das durch spektakuläre Einzelfälle ramponierte Ansehen der Abschlussprüfer eine deprimierende Rolle. Auf der anderen Seite ist die Zukunft der Abschlussprüfung wegen der überhand nehmenden Bedeutung der Rechnungslegung als rosig zu bezeichnen.

Die Einstufung der *Steuerberatung* bewegt sich auf gutem bis befriedigendem Niveau. Ihre irrationalen Grundlagen regen schon bei einfachen Sachverhalten zu hoher Komplexität und Kreativität bei Beratung und Honorargestaltung an, während die dadurch verwirrten Mandanten zwischen Bewunderung und Resignation schwanken. Die Steuerberatung ist daher eine sichere Beschäftigungsgrundlage aufgrund der unsicheren Rechtslage (siehe auch Kapitel VIII).

71 Bessere Gesamtnoten erreichen nur Bergsteiger, Konzernchefs und Zahnärzte. Vgl. *Messerschmied*, Genugtuung als Empfindung und Maßstab, Frankfurt 1992, S. 328.

72 *Stahlberg*, Dumping bei der Erstprüfung, 3. Auflage, Düsseldorf 1994.

73 Das wird von hart bedrängten Wirtschaftsprüfungsgesellschaften in Krisenfällen zur Vermeidung von Fehlschlüssen öffentlich vergeblich bestritten.

Fachliterarische Arbeiten werden generell unterbewertet und lassen im Zeitalter von Internet und Standardisierung wenig Gutes erhoffen. Die *Gutachtertätigkeit* bietet bei ordentlicher Zielorientierung großes Ansehen und hohe Vergütung. Die Wissenschaftlichkeit und damit Image und Verdienst können durch die Anzahl der Fußnoten im Gutachten gesteigert werden. Die Wirtschaftsprüfern sind hier nicht nur durch die starke Konkurrenz durch berufsfremde Unternehmensberater bedroht. Die höhere Unternehmensberatung soll Wirtschaftsprüfern, die als Abschlussprüfer tätig sind, möglicherweise genommen werden (siehe dazu das traurige Kapitel X).

Die angemessene Hochachtung der Mitarbeit beim Institut der Wirtschaftsprüfer und anderer *künstlerischer Tätigkeiten* scheitert – wie kunsthistorische Beispiele belegen – daran, dass die Vergütungen zu Lebzeiten des Künstlers unzureichend sind. Die Bewertung von Treuhandschaften hängt sehr von den Umständen des Einzelfalles ab. Sie kann recht lukrativ sein, ist aber manchmal mit Arbeit verbunden.

c) Die Ausbildung

Ein unendlich breit angelegtes Tätigkeitsspektrum wie das des Wirtschaftsprüfers verlangt eine ebenso ausgedehnte Ausbildung. Der normale Weg zur Berufsqualifikation führt über ein betriebswirtschaftliches *Studium*, obwohl das dort vermittelte Wissen nur bedingt für die Berufsausübung verwertbar ist. Auch das juristische Studium bietet diesen günstigen Ansatz.

Beide Fachbereiche zeichnen sich durch eine flexible Schwankungsbreite ihrer Erkenntnisse aus, können aber dennoch zu demselben Ergebnis führen[74]. Die wirtschaftswissenschaftlichen Theorien, die gegenwärtige Zustände oder Entwicklungen erklären, beweisen ihre Bestandskraft dadurch, dass sich morgen mit ihnen auch das Gegenteil beweisen lässt. Die juristische Ausbildung bewährt sich gleichermaßen dadurch, dass sie für den weit überwiegenden Teil der Juristen kaum durch praxisrelevante Wissensvermittlung belastet ist.

74 So schon ADS 1938: „Zwar führen rechtliche und betriebswirtschaftliche Untersuchungen häufig zu gleichen Ergebnissen. Sie unterscheiden sich jedoch mitunter in den Begründungen erheblich" (*Adler-Düring Schmaltz*, Rechnungslegung und Prüfung der Aktiengesellschaften, 1938, Vorwort).

Als berufsnahe Spezialfächer werden an den Hochschulen „Rechnungswesen“, „Rechnungslegung“ oder „Revisions- und Treuhandwesen“ bzw. „Betriebliche Steuerlehre“ oder „Steuerrecht“ angeboten. Als wichtigste theoretische Grundlage für die Berufsausübung gelten Vorlesungen und Seminare über „Rechnungslegung“ oder „Bilanzrecht“. Hier wird mit dem Anschein der Praxisnähe als Quintessenz verkündet, dass der Jahresabschluss ein von Topmanagern manipuliertes Rechenwerk darstellt, dem der Abschlussprüfer hilflos ausgeliefert ist[75].

Diese Quintessenz der *akademischen Bilanzlehre* darf nicht verwundern. Professoren des Rechnungswesens haben nie ein Gespür für Größenordnungen entwickelt und begründen ihre wissenschaftliche Unabhängigkeit dadurch, dass Praktikabilität von wahren wissenschaftlichen Erkenntnissen ablenkt. In diesem Verständnis haben sie, gewissermaßen als Strafvollzug für die Rechnungsleger, den Sicherheitstrakt der rigiden Grundsätze ordnungsmäßiger Buchführung errichtet.

Damit die bilanzierenden Kaufleute aus diesem Gebäude nicht ausbrechen können, sind ihnen nach den Vorstellungen der Bilanzakademiker alle Wahlrechte zu nehmen, die ihnen das Bilanzrecht einräumt. Bilanzierung und Bewertung sollten nach professoralen Vorstellungen so engmaschig reguliert werden, dass selbst ein Merkposten nicht hindurch schlüpfen kann. Bis zur Überwindung des gegenwärtigen Freiraumes ist die Bilanzanalyse durch Hochschullehrer aus Studium und Fachzeitschriften nicht wegzudenken.

Der intellektuelle Anreiz des Fachs „Steuerrecht/Steuerlehre“ besteht darin, dass höchst komplizierte Geschäftsvorfälle steuerlich durchleuchtet werden, die nach dem Examen wegen Gesetzesänderungen steuerlich in einem ganz anderen Licht erscheinen.

Wegen dieser anspruchsvollen Gestaltung ist der Zuspruch zu den genannten Fächern zu gering, um die Nachfrage nach *Nachwuchskräften* für die beratenden und prüfenden Berufe befriedigen zu können. Hinzukommt, dass die notwendigen Umschulungen auf praxisrelevantes Wissen und Handwerkszeug nicht nur viel Zeit kosten, sondern zu wenig attraktiv erscheinen. Um die Anstrengungen zur Vorbereitung der Berufsexamina erträglich erscheinen zu lassen, muss über neuartige Anreize nachgedacht werden. Zu denken ist z.B.

75 *Wütich*, Die Bilanzlehre von der Bilanzleere, Saarbrücken, 1998.

an Aktienoptionsprogramme für Abschlussprüfer und ihre Mitarbeiter, zusätzliche Miles-and-More-Punkte für Flüge und Fahrten zur Abschlussprüfung oder Hostessenservice für Prüfungsassistenten.

Wer den schweren *Gang zum Wirtschaftsprüfer* einschlagen will, beginnt nach dem Studium als Prüfungsassistent, um unter der Anleitung von Praktikern seine universitären Vorstellungen über die Praxis stilvoll zu begraben. Damit aber die praktische Seite der Berufsausübung nicht schon in jungen Jahren zu Dauerschäden führt, sollte frühzeitig mit der Vorbereitung auf das Steuerberater- und Wirtschaftsprüferexamen begonnen werden, bei dem stärker theoretisches Wissen gefragt ist. Empfohlen wird der Besuch von Repetitorien, um den Wirrwarr des Lehrstoffes durchschaubar zu machen und das permanent schlechte Gewissen des Examenskandidaten zu neutralisieren. Zur Fachliteratur siehe Kapitel VII, 3.

Der fertige Wirtschaftsprüfer ist dann endgültig für die betriebliche Praxis verdorben. Rigoroser ist in dieser Beziehung nur die Fortbildung vom Hochschulabsolventen zum professionellen Unternehmensberater.

d) Die bilanzielle Entsorgung – Chancen und Folgen

Spätestens seit Einführung des Bilanzrichtliniengesetztes (BiRiLiG)[76] fragten sich Rechnungsleger, wie die bilanzielle Entsorgung der Republik Deutschland sichergestellt werden konnte. Da insbesondere die als Abschlussprüfer zu bevorzugenden Wirtschaftsprüfer angesprochen waren, bedurfte es dazu vor allem eines leistungsfähigen Berufsstandes der Wirtschaftsprüfer.

Der Berufsstand hat seine Chancen zu nutzen verstanden. Er predigte den Unternehmen und Konzernen unentwegt das *Primat der Rechnungslegung*. Gläubige Anhänger fand er vor allem bei den Kapitalgebern der Unternehmen und den Finanzanalysten. Damit konnten die Wirtschaftsprüfer jene herausragende Stellung erobern, wie sie in früheren Hochkulturen dem Priestertum vorbehalten war.

Der geschichtliche Auftrag an die prüfenden Priesterschaft ging dahin, die testatverheißenden Opfergaben in Form von Prüfungshonoraren krisenfest,

76 Vom 19.12.1985; BGBl I S. 2355. Zu Details siehe *Biener/Berneke*, Bilanzrichtlinien-Gesetz, Düsseldorf 1986.

dauerhaft und dynamisiert zu gestalten. Dazu musste die Ausschließlichkeit und die Unfehlbarkeit des Wirtschaftsprüfers in Fragen der Rechnungslegung unanfechtbar für alle Zeit manifestiert werden[77]. Eine hervorragende Rolle spielte dabei das Institut der Wirtschaftsprüfer, dessen fachliche Verlautbarungen die Maßgeblichkeit päpstlicher Enzykliken errungen haben.

Da für Macht und Einfluss die Quantität wichtiger ist als die Qualität, musste der bis dahin zurückhaltende *Vermehrungstrieb der Wirtschaftsprüfer* stimuliert werden. Das gelang ohne erkennbare Genmanipulation zunächst dadurch, dass Wirtschaftsprüfer nicht nur die teuren Kommentare zu dem neuen Bilanzrecht bestellten, sondern ebenso bereitwillig Steuerberater und Rechtsanwälte zu ihresgleichen. Gleichzeitig wurden größere und effizientere Zuchtanstalten für WP-Kandidaten geschaffen, insbesondere die WP-Akademie.

Um die bilanzielle Entsorgung reibungsloser und effizienter zu gestalten, rollte außerdem eine sich überschlagende *Fusionswelle* über sonst seriöse Wirtschaftsprüfer-Gesellschaften und -Sozietäten, die auch an nationalen Grenzen nicht gestoppt werden konnte und die zu einer beschleunigten internationalen Verfilzung der Bilanzentsorger führte.

Wer als Wirtschaftsprüfer nicht in der Provinzialität vereinsamen wollte, schloss sich mit anderen Sozietäten oder Wirtschaftsprüfungsgesellschaften zusammen. Große WP-Gesellschaften kauften Sozietäten und kleinere Gesellschaften auf, soweit diese sich nicht – auf Dauer meist vergeblich – mit nationalen und internationalen Kooperationen zu retten versuchten. Bei den großen Gesellschaften wie Deutsche Treuhand, Treuhand-Vereinigung, Treu-Arbeit und Treu-Verkehr bestand die Treu-Einigkeit, dass auf Dauer nur internationale Verschmelzungen erfolgreich sein können. Das einzig Übersichtliche an den global agierenden Prüfungsunternehmen ist ihre Firmierung in abgekürzter Form wie AA, PWC oder KPMG.

Der stärkste Motor der internationalen Fusionitis war die Erkenntnis, dass es unter den acht international bedeutsamen Prüfungsgesellschaften, den sog. „Big Eight", eigentlich nur sechs große Gesellschaften gab und dass fünf

77 Auf internationaler Ebenen haben die Wirtschaftsprüfer das International Accounting Standards Committee (IASC) ins Leben gerufen, das derzeit „säkularisiert" wird, um den IAS eine breitere Anerkennung zu verschaffen (vgl. IASC, Shaping IASC for the Future, London 1998).

Gesellschaften mächtiger sind als sechs. So wurden unversehens aus den „Big Eight“ die „Big Five“, auf deutsch „die fünf großen Pfeifen“[78]. Es dürfte nur eine Frage der Zeit sein, wann der totale Zusammenschluss zum „Big Brother“[79] vollendet sein wird.

Das Anforderungsprofil des erfolgreichen Wirtschaftsprüfers unterlag gleichfalls einem spürbaren Wandel. Betriebswirtschaftliche Kenntnisse und prüferische Erfahrungen, die sich die Wirtschaftsprüfer stets hoch anrechnen, stehen schon seit längerer Zeit nicht mehr mit den modernen Vorstellungen im Einklang, die man sich von professionellen Unternehmensberatern macht. Heute ist vom Abschlussprüfer vor allem *Kommunikationsfähigkeit* gefragt. Er soll dem oft apathisch eingestellten Aufsichtsrat deutlicher als bisher sagen, was eigentlich dessen Sache ist[80]. Mit geschickt eingesetzter Mitteilungsfreude soll der Abschlussprüfer die Dialogschwäche zwischen Vorstand und Aufsichtsrat überwinden.

Die Forderung nach Kommunikationsfähigkeit schließt fachliche Kompetenzen nicht generell aus. Allerdings stellt das WP-Examen immer noch zu stark auf reines Fachwissen ab und bildet insoweit eine schwere Behinderung für viele Berufsanfänger. In der Vermittlung größerer Kontaktfreude liegt eine noch unerledigte Aufgabe der Berufsvertretungen. Die glanzvollen IDW-Fachkongresse gehen die Aufgabe zu fachspezifisch an. Ein lockereres Auftreten mancher Repräsentanten des Berufsstandes könnte dazu beitragen, dass die Zugehörigkeit zur WP-Kammer oder zum Institut der Wirtschaftsprüfer die Mandanten ebenso beeindruckt wie die Mitgliedschaft im Rotary Club oder Diners Club.

d) Perspektiven

Angesichts der Gefahr, dass dem als Abschlussprüfer tätigen Wirtschaftsprüfer immer wieder die Sprache wegbleibt oder die höhere Unternehmensberatung (siehe dazu Kapitel X) in Zukunft versagt wird, denken progressive Berufsvertreter über attraktive Alternativen nach. Auf dem fruchtbaren Bo-

78 Zur Übersetzungsproblematik englischer Fachausdrücke siehe Kapitel VII,1.

79 Diese anspruchvolle Bezeichnung (vgl. *Huxley*, 1984) wird zur Zeit vom Fernsehen mehr oder weniger imagefördernd vermarktet, so dass sie für WP- Gesellschaften wenig akzeptabel sein dürfte. Als Zwischenstufe dürfte es demnächst „The three Sisters“ geben.

80 KonTraG, BegründungRegE, S. 101.

den der Diskussion über Sinn und Nutzen des KonTraG scheuen sie sich nicht, den Ausbau der Abschlussprüfung zu einer *Prüfung der Geschäftsführung* ins Gespräch zu bringen. Der Wirtschaftsprüfer, der keine Überforderung auslässt und dem schon jetzt Übermenschliches abverlangt wird, könnte zum amtlich privilegierten Oberwächter der Unternehmen werden.

Als vorerst harmlos klingende Aufgaben werden z.B. die Prüfung der Vorstandsberichte an den Aufsichtsrat oder die Prüfung des Risikomanagements angesprochen. In der zweiten Realisierungsstufe könnte man beispielsweise daren denken, die Dauer der Aufsichtsratssitzungen, oder die Ausstattung von Dienstwagen auf Angemessenheit zu prüfen. Auch die Auswahl von Vorstandsmitgliedern unter Berücksichtigung des Gleichberechtigung von Mann und Frau oder der Glaubensfreiheit bietet sich zur Prüfung an.

Eine neue Attraktivität für den Berufsstand wäre die Einführung von *Fach-Wirtschaftsprüfern*, so wie Fachanwälte oder Fachärzte geschaffen wurden. De facto gibt es bereits den Fach-WP für Banken oder für Versicherungen, weil Außenstehende dem Ansehen und Erfolg dieser Branchen kopfschüttelnd gegenüberstehen. Bald wird der Fach-Wirtschaftsprüfer für die Peer Review hinzukommen (siehe Kapitel VI, 3).

Nahe liegen der Fach-Wirtschaftsprüfer für IAS und der Fach-Wirtschaftsprüfer für US-GAAP. Denkbar sind auch Fach-Wirtschaftsprüfer für bestimmte Branchen, z.B. Brauereien oder Zahnersatzhersteller, oder für bestimmte Rechtsformen oder Unternehmensgrößen. Der Fach-Wirtschaftsprüfer müsste natürlich höhere Honorare oder Gebühren berechnen dürfen; er wäre dann eine echte Bereicherung für den Berufsstand.

4. Der Wirtschaftsprüfer als Verrechnungskünstler

a) Die Herausforderung

Selbst strenge Kritiker des Berufsstandes geben zu, dass Wirtschaftsprüfer im allgemeinen keine Versager sind: nur äußerst selten versagen sie als Abschlussprüfer ihr Testat[81]. Wirtschaftsprüfer lassen sich eher als Verrechner zu bezeichnen[82]. Sie müssen sich fast täglich mit Verrechnungen verschiedener Art beruflich auseinandersetzen und haben unter Beachtung von Verrechnungsverboten und Verrechnungspflichten deren Zulässigkeit und Auswirkungen zu beurteilen. Erschwert wird die fachmännische Einschätzung dadurch, dass Verrechnung nicht immer Verrechnung genannt wird.

Insofern darf stark vermutet werden, dass der öffentlich bestellte Wirtschaftsprüfer die Kunst der Verrechnung beherrschen muss, zumal seine Mandanten in Bezug auf gewisse Verrechnungen über große Kunstfertigkeiten verfügen. Die Bezeichnung „*Verrechnungskünstler*" ist also nicht abfällig gemeint[83]. Sie bezieht sich vielmehr auf die Fähigkeit des Wirtschaftsprüfers, Verrechnungsprobleme nicht nur intellektuell, sondern bei Bedarf auch mit sinnlichen Mitteln zu verarbeiten. Die hohen Qualitätsstandards, die sich der Berufsstand selbst gesetzt hat, berechtigen zu der Hoffnung, dass dies zunehmend gelingt.

b) Die Arten der Verrechnung

Es gibt verschiedene Arten der Verrechnung. Die einfachste Form ist das simple *Falschrechnen*. Sie ist für den Wirtschaftsprüfer Routine, denn vier von drei Wirtschaftsprüfern, also fast 50 %, können nicht rechnen[84]. Das erklärt den Einsatz von Mitarbeitern sowie Dauer und Intensität der Abschlussprüfung oder der Gutachtertätigkeit.

Die Prüfung, ob sich andere Verrechner verrechnet haben, also die *nachvollziehende Verrechnung*, gehört zu den typischen Berufsaufgaben der Wirtschaftsprüfer. Sie fällt insbesondere im Rahmen der Abschlussprüfung an

---

81 *Bierschaum*, Das Testat ist doch das Letzte, 3. Auflage, Frankfurt/München 1996, S. 15 und S. 258 ff.

82 So ausdrücklich *Schwarzenbecker*, Der Kompensator, München 1994.

83 Dem Wirtschaftsprüfer ist gemäß § 43a Abs. 3 Ziff. 7 WPO die künstlerische Freiheit gestattet.

84 „Wenn ich rechnen könnte, wäre ich nicht Wirtschaftsprüfer geworden". Bekenntnisse des Wirtschaftsprüfers P., München 1968.

und wird dort mit Hilfe von Plausibilitätsprüfungen[85] oder durch Einsatz der elektronischen Datenverarbeitung selbst bei mangelhaften Rechenfähigkeiten mit ausreichender Präzision gehandhabt. Wenn die nachvollziehende Verrechnung nicht zu denselben Ergebnissen wie der Vor-Verrechner kommt, sind kompensatorische Verrechnungen notwendig.

Als anspruchsvollste Form der nachvollziehenden Verrechnung hat sich der Berufsstand die „Due Diligence"-Prüfung[86] erschlossen[87]. *Due Diligence* ist immer dann gefordert, wenn Intuition allein als Verrechnungsmodus nicht ausreicht, um eine existenzielle Entscheidung gefahrlos für den Entscheider durchzusetzen. Während Intuition die Fähigkeit ist, eine Lage in Sekundenschnelle falsch zu beurteilen, ist Due Diligence die Kunst, eine Situation aufgrund sorgfältiger Prüfung unzutreffend einzuschätzen. Sie ist eine multidimensionale Verrechnung, an der so viele Verrechner teilnehmen, dass keiner die Verantwortung trägt. Eine professionelle Due Diligence gilt dann als besonders gelungen, wenn ihre enormen Kosten geringer sind als die durch sie nicht verhinderten Verluste.

In ihren komplizierten Formen dient die Verrechnung zur Verdeckung von Spitzen und zur Kompensation von Höhen und Tiefen. Sie zielt also auf ein Mittelmaß und ist daher bei politischen Überlegungen sehr beliebt. Sie hat auch in der Bilanzpolitik regen Niederschlag gefunden.

Im Rahmen der *Rechnungslegung* ist die Verrechnung von Forderungen und Verbindlichkeiten, von Aufwendungen und Erträgen oder von Verlusten und Gewinnen als gehobene Art der Verrechnung einzustufen. Ihre Zulässigkeit ist an Voraussetzungen gebunden, die mit durchschnittlichen Kenntnissen der Buchhaltung und der Bilanzierung nicht mehr gemeistert werden können. Die Verrechnung von Posten des Jahresabschlusses heißt demzufolge „*Saldierung*". Sie dient der Postendämpfung im Bilanzwesen und ersetzt die Aussagekraft des Jahresabschlusses durch übersichtliche Form.

Im Zusammenhang mit der *Bewertung* nennt man die Verrechnung „*kompensatorische Betrachtung*". Sie dient der Überwindung des Grundsatzes der Einzelbewertung, an den sich ältere Wirtschaftsprüfer noch erinnern können.

---

85 *Grünkern*, Der große Plausibilitätsangriff, Bremen 1997.

86 Due Diligence lässt sich mit „gebührenpflichtiger Eifer" übersetzen.

87 Vgl. z.B. *Pföhler/Hermann*, Grundsätze der Durchführung von Umwelt Due Diligence, WPg 1997, S. 628 ff.

Die kompensatorische Bewertung eignet sich zur Herstellung gewünschter Bilanzbilder und -ergebnisse.

Ein typisches Beispiel der kompensatorischen Kunst liefert darüber hinaus die bei manchen Wertansätzen geforderte „vernünftige kaufmännische Beurteilung“. Hier sind „positive und negative Erwartungen ggf. mit einander zu verrechnen“[88].

Als besonders raffinierte Form der kompensatorischen Verrechnung hat sich der Wirtschaftsprüfer die Bilanzierung derivativer Finanzgeschäfte erschlossen, die er mit *Hedge Accounting*[89] bezeichnet. In den Zeiten der inzwischen überholten soliden Bilanzierung galten der heute provinziell anmutende Grundsatz der Einzelbewertung und das als verunglückt empfundene Imparitätsprinzip als unüberbrückbare Barrieren für eine Verrechnung von gegenläufigen Risikopositionen.

Dem Pragmatismus und der intellektuellen Überlegenheit nachgiebiger Wirtschaftsprüfer ist es zu verdanken, dass durch die Kombination englischer Fachausdrücke und ein schon dadurch begrenztes Verständnis der derivativen Finanzinstrumente der Grundsatz der Einzelbewertung für die Verrechnung finanzieller Risiken als irrelevant abgetan werden konnte. Mit eingängigen Stichworten wie „Bewertungseinheit“, „kompensatorische Bewertung“ und „mark-to-market“ schlug man die Verrechnungsmuffel erfolgreich aus dem Feld. Jetzt verrechnet man zusammen, was zusammen gehören soll.

Die Verrechnung von unternehmens- oder *konzerninternen Lieferungen und Leistungen* ist eine Gleichung mit zwei Unzufriedenen. Der Lieferant hält den Verrechnungspreis für zu niedrig, der Leistungsempfänger die geforderte Gegenleistung für zu hoch. Eine Lösung ist nicht in Sicht, so dass die Beteiligten als Ausweg die Resignation wählen[90]. Im Steuerrecht ist die Verrechnung von Kosten, Preisen und Verlusten als Wettkampf zwischen manipulierter Realität und fiskalisch bedingter Fehlbeurteilung konzipiert[91]. Hier wird

88 WP-Handbuch 1996, E 89.

89 Eigentlich Hätsch-Accounting oder Hätschel-Bilanzierung, weil sie in Fachkreisen und -literatur gehätschelt, d.h. sehr geliebt und gehegt wird.

90 Zum psychologischen Hintergrund siehe u.a. *Pleiter*, Das deutsche Volk als Resig-Nation, Frankfurt 1997.

91 Vgl. *Günkel*, Die Prüfung der steuerlichen Verrechnungspreise durch den Abschlussprüfer, WPg 1996, S. 839 ff. Siehe auch Steuerausschuss/IDW, Zweifelsfragen zur Einschränkung der Verlustverrechnung ..., FN 1998, S. 20.

Verrechnung zur entarteten Kunst, d.h. der gesunde Menschenverstand darf auch dann nicht eingesetzt werden, wenn alle anderen Möglichkeiten erschöpft sind.

Eine häufige Form der Verrechnung ist die *rückbezügliche Verrechnung*. Hier ist der Verrechner selbst Gegenstand der Verrechnung, d. h. er verrechnet sich. In Abgrenzung zur falschen Verrechnung spricht man besser von der irrenden Verrechnung. Diese Art der Verrechnung gilt als die menschlichste.

Als spektakulärste Form der (irrenden) Verrechnung galt bis vor wenigen Jahren die *Unternehmensbewertung*. Sie wurde fast ausschließlich Wirtschaftsprüfern anvertraut, weil sie als Hüter der Grundsätze ordnungsmäßiger Buchführung am besten ausgebildet waren, um die Unsicherheiten von Zukunftsprognosen mit den i.d.R. besser fundierten Istzahlen und Vergangenheitsentwicklungen zu verrechnen (siehe Kapitel IX).

Die gemeinste Form ist die *reflexive Verrechnung*, die bewusst bei Anderen ausgelöst wird. Man nennt sie gemeinhin Täuschung. Bei dieser delikaten Abart der irrenden Verrechnung irrt ein Dritter, womit man aber selbst rechnet. Diese Abart der Verrechnung nennt man auch Berechnung. Ist der Abschlussprüfer in diesem Sinn berechnend? Rechnet er z.B. damit, dass sich der Leser hinsichtlich der Aussagekraft des Prüfungsberichtes verrechnet? Wurde zu diesem Zweck der Fachjargon erfunden, der den Prüfungsbericht in wesentlichen Passagen mysteriös und rätselhaft erscheinen lässt?

Diese frivolen Fragestellungen werden von Berufsvertretern überzeugend mit dem Hinweis zurückgewiesen, dass Prüfungsberichte in der Regel überhaupt nicht gelesen werden, so dass eine etwa beabsichtigte Berechnung im hier angesprochenen Sinne gar nicht zum Zuge kommen kann.

c) Die Verrechnung als Berufsaufgabe

Abgesehen davon, dass der Berufstand die *Zuständigkeit* und die Verantwortung für das Falschrechnen schon formelmäßig anderen Kreisen zuschreibt, kann es zufällig zur Aufdeckung solcher und anderer „Unregelmäßigkeiten" durch den Abschlussprüfer kommen[92]. Wer damit nicht rechnet,

92 Stellungnahme HFA 7/1997: Zur Aufdeckung von Unregelmäßigkeiten im Rahmen der Abschlussprüfung, FN, 1998, S. 7 ff.

kann sich gewaltig verrechnen. Der findige Wirtschaftsprüfer wird bei seinen Zufallsentdeckungen mit einer beachtenswerten Hartnäckigkeit auf einer Korrektur bestehen.

Sehr viel gravierender sind im Zusammenhang mit der Rechnungslegung und Prüfung von Unternehmen die sonstigen Verrechnungsfragen vielfältiger Art, mit denen sich der Abschlussprüfer unter unterschiedlichen Bezeichnungen konfrontiert sieht. Häufig werden solche Verrechnungen von subjektiven Zielvorstellungen des Verrechners dominiert, die den Zielen der anderen Verrechnungsbetroffenen oder den Zwecken etwaiger Verrechnungsvorschriften konträr entgegenstehen. Erstaunlich ist, dass derartige Zielkonflikte eine ungewöhnliche Kreativität der Rechnungsleger auslösen, während Zielkonflikte sonst die Manager dazu veranlassen, nichts zu tun[93]. In diesem Umfeld werden vom Wirtschaftsprüfer topmanagement-adäquate Lösungen oder Zugeständnisse gefordert.

Saldierungen lehnt der Wirtschaftsprüfer unter Bezug auf das Verrechnungsverbot des § 246 Abs. 2 HGB prinzipiell ab, weil sie den Einblick in die Vermögens-, Finanz- und Ertragslage generell trüben und die Bilanzsumme als Honorarbemessungsgrundlage speziell kürzen. Der Widerstand der Anhänger einer totalen Verrechnung[94] formiert sich an der extensiven Auslegung von Verrechnungswahlrechten oder Verrechnungsgeboten, denen sich ein sensibler Abschlussprüfer nur schwer entziehen kann.

Positiver ist der Wirtschaftsprüfer zur Verrechnung oder Saldierung im Konzernabschluss eingestellt. Sie heißt „*Konsolidierung*“ und wird bereitwilliger akzeptiert, weil in diesem Wort der Begriff „solide“ steckt. Die Konsolidierung ist eine immer weiter verfeinerte Methode zur aufwendigen Zusammenfassung von Einzelabschlüssen, um wenig über den Konzern auszusagen.

Im Konzernabschluss werden elegant drapierte Konzernbeziehungen auf nackte Außenbeziehungen zurückgeführt. Daher kommt dem Konzernabschluss nach Ansicht maßgeblicher Fachautoren eine enthüllende Informationsfunktion zu[95], während er aus Sicht der Tochterunternehmen nur zur Rechtfertigung der Konzernleitung geschaffen wurde.

93 *Lenz*, Ursachen der Windstille in den Vorstandsetagen, Düsseldorf 1987, S. 121 ff.

94 *Blümlein*, Postendämpfung im Rechnungswesen, Bonn 1997.

Relativ häufig verrechnen sich die Adressaten des Prüfungsberichtes, den der Abschlussprüfer in bester Absicht und daher in wenig publikumswirksamer Aufmachung und umständlicher Schreibweise vorlegt. Die normalen Adressaten verstehen die *berufsüblichen Formulierungen* meist deshalb nicht, weil sie vor ihrer Lektüre zurückschrecken. Unverbesserliche Skeptiker spekulieren dennoch darüber, ob der Wirtschaftsprüfer damit willentlich zu einer irrenden Verrechnung Dritter beiträgt. Hinterlistige Kritiker erklären damit das hohe Ansehen der Wirtschaftsprüfer als betriebswirtschaftliche Sachverständige.

Der Wirtschaftsprüfer hat mehrfach unter Beweis gestellt, dass er betriebswirtschaftlich mehr weiß als er versteht. Das dokumentiert u.a. eindrucksvoll der Gipfel der Ungereimtheiten, mit dem in zeitgenössischen Prüfungsberichten die Kapitalflussrechnung kommentiert wird. Es bleibt abzuwarten, ob auch der Rechnungslegungsstandard DRS 2[96], der wie die ältere Verlautbarung des Institut der Wirtschaftsprüfer[97] im Interesse der Unübersichtlichkeit wenig Verrechnendes enthält, sachverständige Verwirrung erzeugt.

Als heikelste Form der Verrechnung empfindet der Wirtschaftsprüfer die *Verrechnung honorarpflichtiger Stunden*. Die mentale Herausforderung besteht für den Honorarverrechner darin, die Maximierung des Honorars mit der Leidensfähigkeit des Mandanten optimal abzustimmen. Die unerwartete Neigung der neuen Auftraggeber, nämlich der Aufsichtsräte, zu Lasten des Abschlussprüfers Kosten zu sparen, schafft eine neue Dimension des Honorarschachers.

Wirtschaftsprüfer, die auf Qualität achten, geben sich nicht mit einem Drittel zufrieden, wenn sie ein Viertel fordern und durchsetzen können. Gleichzeitig müssen sie aus berufsethischen Gründen darauf achten, dass nicht mehr als 24 Stunden pro Tag angesetzt werden, wobei allerdings die Wochenende und Feiertage nach heutiger Auffassung einbezogen werden können.

Strittig ist dagegen, ob die Zeit für Facharbeit, Bildungsurlaub u.ä. Ausfälle angerechnet werden darf. Die Frage ist zu bejahen, da die genannten Akti-

95 Interessierte Leser werden auf ihre einschlägige Fachbibliothek von ADS bis WP-Handbuch verwiesen.

96 Deutscher Rechnungslegungs Standard Nr. 2 (DRS 2) : Kapitalflussrechnung.

97 IDW, Stellungnahme HFA 1/1995, WPg 1995, S. 210 ff.

vitäten mit der honorarpflichtigen Berufsarbeit zusammenhängen, Offen ist schließlich, ob bei unzureichenden Honorarsätzen das Lebensalter der Mitarbeiter mit dem Lebensalter des Wirtschaftsprüfers verrechnet werden kann. Die Gesamtzahl der verrechneten Honorarstunden sollte das Lebensalter des Wirtschaftsprüfers und seiner Mitarbeiter nicht übersteigen.

III. Der Mandant

Zur Unterscheidung von weniger angesehenen Berufen bezeichnen Wirtschaftsprüfer, Anwälte, Steuer- und Unternehmensberater ihren Auftraggeber als „Mandant“. Sie selbst werden dadurch zu Mandataren[98]. Als solche sind sie bestrebt, den Mandanten voll für sich einzunehmen, um ihn völlig ausnehmen zu können. Mit dem so erzielten Einkommen versuchen sie ihr Auskommen zu finanzieren. Auch der Wirtschaftsprüfer ist zum Überleben auf zahlungswillige und -fähige Mandanten angewiesen.

1. Der Mandantenschutz

a) Bedeutung und Grundlagen

Der Wirtschaftsprüfer verdankt dem Gesetzgeber seinen Beruf und dem Mandanten seine Existenz. Daher wird im WP-Handbuch wenig über den Mandanten, aber viel über den Mandantenschutz geschrieben, allerdings mit sehr eingeengtem Blickwinkel[99]. So wird völlig übersehen, dass der Wirtschaftsprüfer seinen Mandanten vor Kollegen und WP-verwandten Berufsgruppen schützen muss. Nichts wird darüber gesagt, wie dies zu bewerkstelligen ist.

Der Wirtschaftsprüfer beobachtet einerseits mit Genugtuung, andererseits aber auch mit Sorge die Hilflosigkeit seiner Mandanten gegenüber anderen potenziellen Mandataren. Gerade die lukrativsten Mandanten reagieren oft arglos und naiv auf die Lockangebote professioneller Mandatsjäger. Um die Mandanten nicht schutzlos solchen skrupellosen Ausbeutern auszuliefern, engagieren sich verantwortungsbewusste *Wirtschaftsprüfer als Mandantenschützer*. Diese Disziplin professioneller Berufsausübung verlangt, dass der Wirtschaftsprüfer seine allseits geschätzte Bescheidenheit partiell abbaut.

Ein erster Schritt sind möglichst unauffällige, in ihrer Wirkung jedoch eindringliche und nachhaltige Hinweise auf den hohen und universalen Ausbildungsstand des Berufsstandes. Damit soll beim Mandanten eine durch nichts

---

98 Siehe dazu den historischen Roman von *Rankelmoser*, Mit den Beraterhorden zu den Mann-Tataren, München 1992.

99 Institut der Wirtschaftsprüfer, WP-Handbuch 1996, Band I, Düsseldorf 1996, A 261 ff.

zu erschüttende Ehrfurcht vor den Wirtschaftsprüfern geweckt und dauerhaft wachgehalten werden.

Hier bieten weniger die fachlichen Verlautbarungen als ausgewählte publikumswirksame Veröffentlichungen des Instituts der Wirtschaftsprüfer wertvolle Unterstützung. Berufsbezogene Artikel der Wirtschaftspresse erreichen nur selten ein imageförderndes Niveau, weil es ihnen an Verständnis und Objektivität mangelt. Sie erfordern in der Regel zusätzliche Aufklärungen, die angesichts der komplizierten Materie und der den Wirtschaftsprüfern gebotenen Verschwiegenheit sehr schwer fallen und zu langwierig wären.

Nach solchen Vorbereitungen ist der zweite Schritt relativ einfach. Der Mandant muss die Hochachtung vor dem Berufsstand im Allgemeinen wie selbstverständlich auf den Wirtschaftsprüfer im Besonderen übertragen. Die eigene überdurchschnittliche Qualifikation des betroffenen Wirtschaftsprüfers, die dem Mandanten durch Wort und Schrift permanent zu vermitteln ist, muss sich bei ihm zu der Gewissheit steigern, dass der Wirtschaftsprüfer als Berater in allen Wirtschafts- und Lebenslagen nicht nur unübertroffen, sondern schlicht unentbehrlich ist. Die Einschaltung anderer Berater wäre für den Mandanten dann nicht nur teuer, sondern ausgesprochen kontraproduktiv.

Auf dieser soliden Grundlage werden berufsverträgliche konkrete Schutzmaßnahmen ihre Wirkung nicht verfehlen.

b) Konkrete Schutzmaßnahmen

Für einen wirksamen Mandantenschutz reicht es nicht aus, beim Mandanten im Rahmen der permanenten Abschlussprüfung das Konto für Beratungsaufwendungen zu prüfen. Denn selbst in den extremen Fällen, in denen die Buchhaltung à jour ist, können damit allenfalls die bereits eingedrungenen Berater geortet werden[100], die ihr Unheil schon angerichtet haben. Neue Gefahren drohen über das Internet, mit dessen Hilfe neue Serviceangebote wie Viren direkt zum Mandanten gelangen.

Wirklich erfolgversprechend sind nur ständige Kontakte zwischen Mandant und Wirtschaftsprüfer auf hohem gesellschaftlichem Niveau. Wichtige

100 *Pfitzmann*, Naiver Mandantenschutz, Köln 1988.

Mandanten sollten in dauernde Hege genommen werden, indem sich der Wirtschaftsprüfer oder wenigstens seine Mitarbeiter während des ganzen Jahres beim Mandanten einquartieren. Man spricht vom *stationären Mandantenschutz*.

Wer seinen Mandanten wirksam vor beratenden Wegelagerern bewahren will, muss außerdem rechtzeitig Problemstellungen aufspüren, die im aktuellen Trend der Managementlehre liegen. Es kommt nicht darauf an, ob überhaupt und, wenn doch, wann Probleme entstanden sind oder entstehen können. Ausschlaggebend ist, reizvolle Problemfelder, die en vogue sind, anzusprechen, bevor der Mandant ihre Irrelevanz erkennt. Natürlich müssen sie unternehmensspezifisch adressiert werden, damit sie beim Mandanten auf Anhieb allerhöchste Besorgnis auslösen.

Zum Schutz der Mandanten gegen konkurrierende Berufskollegen haben clevere Wirtschaftsprüfer das sog. *RoKoKo-Verfahren* entwickelt. Dieses unentbehrliche Instrument existenzverbessernder Berufsausübung wird später unverfänglich unter dem Stichwort „Qualitätssicherung“ behandelt (s. Kapitel VI, 3).

2. Die unbeschreiblichen Verhältnisse beim Mandanten

Zum Erhalt, zur Pflege und zur Ausweitung des Mandats, aber auch zur Steigerung der Effizienz der eigenen Tätigkeit muss der Wirtschaftsprüfer über die Verhältnisse des Mandanten, in denen und über die er lebt, Bescheid wissen. Neben Größe, Rechtsform, Branche, betrieblichen und wirtschaftlichen Verhältnissen des Mandanten, die jeden Abschlussprüfer standardmäßig zu interessieren haben[101], sind die handelnden Hauptpersonen in ihrem Rollenverständnis und oft wunderlichen Zusammenspiel von entscheidender Bedeutung.

a) Die Zielgruppe für den Wirtschaftsprüfer

Für die attraktive Rundumberatung und Mandantenpflege kommt es auf den „*Bestimmer*" an, also auf denjenigen, der faktisch allfällige Prüfungs- und Beratungsmandate vergibt. Bei kleinen und mittelständischen Unternehmen sind die Eigentümer und geschäftsführenden Gesellschafter die Hauptauftraggeber für Prüfung und Beratung. Sie sind in erster Linie an steuerlicher Beratung und persönlichen Allroundbetreuung interessiert, die auf persönliche Neigungen, Nöte und Schwächen gebührend eingeht. Gelingt es dem Wirtschaftsprüfer, diese Erwartungen zu erfüllen, sind diese Mandanten gegenüber anderen Beratern weitgehend immun.

Bei großen Kapitalgesellschaften leidet das Verhältnis zum Mandanten an der größeren Anonymität und der schweren Zugänglichkeit der Bestimmer. Hier ist die Abschlussprüfung das typische Mandat des Wirtschaftsprüfers. Der Abschlussprüfer wird von den Gesellschaftern oder Aktionären gewählt, in der Regel auf Vorschlag des Vorstands, der am meisten von der Prüfung betroffen ist. Daher sind gute Beziehungen zum Vorstand, insbesondere zu seinem Vorsitzenden, wichtig. Der Prüfungsauftrag wird zwar durch den Aufsichtsrat erteilt, doch führt der Vorstand dabei seine Hand, damit kein Organ der Gesellschaft verletzt wird.

Als Bestimmer werden in aller Regel die *Spitzenkräfte* einer Organisation anzusehen sein. An sie sollte sich der Wirtschaftsprüfer in erster Linie halten. Sie sind diejenigen, die in Politik und Wirtschaft Auswüchse und Probleme

101 WP-Handbuch 1996, Band I, P 26 ff., Düsseldorf 1996.

verursachen, aber selten vertreten. Spitzenkräfte sind hocherfahrene Funktionäre oder Führungskräfte, die einen Fehler sofort erkennen, wenn sie ihn wiederholen, und die bereit sind, durch wiederholte Fehler immer mehr Erfahrungen zu sammeln.

Spitzenkräfte lasten als einsame Spitze auf allen namhaften politischen oder wirtschaftlichen Organisationen. Daher spricht man vom Druck von oben. In der Managementlehre nennt man das Top-down-Approach. Diese Spitzenbelastung wird allerdings selten wahrgenommen, weil echte Spitzenkräfte sofort vom Boden abheben, um die Weitsicht zu gewinnen, mit der sie das Naheliegende übersehen. Jede zukünftige Spitzenkraft erwartet, dass vom höheren Posten aus die Aussichten glänzender sind. Nur die Zurückgebliebenen erkennen, Spitzenkräfte sind keine Leuchten, sondern Glanzlichter der Gesellschaft.

b) Die Machtstruktur im Unternehmen und ihre Elemente

Bei großen Kapitalgesellschaften sind die hierarchischen Verhältnisse meist formal klar geregelt, aber in ihrer praktischen Handhabung nur schwer zu durchschauen, weil rechtliche und faktische Zuständigkeiten selten übereinstimmen. Dennoch soll versucht werden, die unbeschreiblichen Zustände zu beschreiben.

Die *Quadratur der Wirtschaftskreise* besteht aus einem Fünfeck. Seine Ecksteine sind das Unternehmen, das Topmanagement, die übrigen Unternehmensangehörigen sowie die Gewerkschaften und die Kapitalgeber. Gewerkschaften und Kapitalgeber sind auf unterschiedliche Weise bemüht, die Aktienkurse oder den Shareholder Value in schwindelnde Höhe zu treiben.

Die Gewerkschaften forcieren zu diesem Zweck mit verzwickelten Tarifforderungen den Export der Arbeitsplätze und damit die Globalisierung, was wiederum hohe Erwartungen der Kapitalgeber erweckt und zu Steigerungen des Aktienkurses führt. Die Kapitalgeber sind von virtuellen Umsätzen und von Globalisierungsstrategien fasziniert, auf deren Grundlage die Finanzanalysten für das Unternehmen unermessliche künftige Cashflows vorhersehen. Bei der Beurteilung rosiger Perspektiven wird die Übermacht der Gewerkschaften nur noch von der Überreaktion der Investoren übertroffen, wenn geplante oder eingeleitete Internetaktivitäten angedeutet werden.

Die Unternehmen und ihre Mitarbeiter stehen zwischen den Gewerkschaften und den Kapitalgebern und daher im Wege. Die Spitzenmanager schweben oben drüber.

Die *Unternehmensangehörigen* unterteilt man zweckmäßiger Weise in Fachleute, Manager, Topmanager und Konzernmanager[102]. Der Fachmann denkt nicht, er weiß. Der Manager denkt, weiß aber nichts. Der Topmanager erspart sich das Denken und weiß nichts. Dieses Wissensvakuum nennt er „unternehmerisches Gespür". Der Konzernmanager kokettiert mit seinem Unwissen und sollte zu denken geben.

Der Fachmann arbeitet nach Tarif, günstigenfalls mit einer gewissen Absicht und Umsicht. Der Manager ist jemand, der nicht arbeitet, damit er die Übersicht nicht verliert, die er braucht, um anderen Arbeit zuweisen zu können. Ein entschlossener Manager verschiebt nicht auf Morgen, was seine Mitarbeiter heute tun können.

Wer als Manager die Übersicht verloren hat, sollte wenigstens das Unternehmen leiten. Topmanager wird daher, wer nach Verlust der Übersicht die Weitsicht gewonnen hat.

Der Konzernmanager hat auch die Weitsicht überwunden und statt dessen die Konzernsicht errungen. Er versucht über seinen Horizont hinaus zu blikken. Konzernmanager vergrößern daher den Konzern so lange, bis er nicht mehr steuerbar ist. Die Reputation zeitgenössischer Konzernmanager wächst mit der Zahl der Konzernunternehmen und der räumlichen Entfernung der Konzernstandorte. Der Konzernerfolg lässt sich am besten an dem Guthaben auf dem Miles & More-Konto der Konzernmanager ablesen.

Wer den Aufstieg zur hierarchischen Endplatzierung trotz gesunden Ehrgeizes abbrechen muss, wird Unternehmensberater, schreibt einschlägige Memoiren oder plaudert als Insider über dubiose Managementpraktiken.

In Lehrbüchern und in breiten Bevölkerungsschichten herrscht immer noch die irrige Vorstellung, dass Manager *Entscheidungsträger* seien. Richtig ist demgegenüber, dass die Entscheidungsfreude mit der zunehmenden Ranghöhe der Manager überproportional abnimmt. Wirtschaftsprüfer, die mit offenen Augen, Ohren und Mund die Verhältnisse ihrer Mandanten bestaunen,

---

102 *Hakelmacher*, Vom Teen-Ager zum Man-Ager, 2. Auflage, Wiesbaden 1996.

werden bemerken, dass in größeren Unternehmen interne Richtlinien dafür sorgen, dass aufkeimende Entscheidungsfreude rechtzeitig gedämpft wird.

Mangels Erfahrung und Vorstellungskraft lässt sich der von Haus aus gutgläubige Wirtschaftsprüfer leicht durch den unbeugsamen Eigensinn der Topmanager täuschen, die diese zeigen, wenn die Beurteilung des Abschlussprüfers mit ihren Ideen nicht übereinstimmt.

In Wahrheit ist der Karrierist, der als Manager noch unentschlossen war, als Topmanager – von der Rechnungslegung abgesehen – nicht mehr so sicher. Daher werden unangenehme Entscheidungen als verbreitete Form der Nachwuchsförderung nach unten delegiert. Die meisten Entscheidungen sind unangenehm, weil sich ihre Folgen nicht immer sicher abschätzen lassen.

Bei den wenigen verbleibenden Entscheidungen verfährt der höher gestellte Manager nach dem Motto: Je länger die Entscheidungsfindung dauert, umso bedeutsamer erscheint sie. So wurde die lange Leitung erfunden, die viele großen Unternehmen und Konzerne auszeichnet[103]. Manch dynamischer Jungmanager hat erfahren müssen, dass Verzögerung die tödlichste Form der Ablehnung ist.

Die Manager sind eher als *Planungsträger* zu charakterisieren. Diese Funktion entspricht dem in modernen Managementbüchern nachhaltig genährten Vorurteil, dass der Manager Ziele zu setzen hat. Jeder Manager ist vorzugsweise mit Planung befasst, obwohl sich die Realität ihr gegenüber sehr spröde verhält. Managen heißt freilich nicht das Erreichen von Zielen, sondern das Setzen derselben und das Verfolgen von Planwerten.

Je höher man in der Unternehmenshierarchie aufsteigt, umso stärker ist der Glaube an die Unternehmensplanung. Er ist infolgedessen beim Topmanager unerschütterlich. Für den Topmanager ist nichts unmöglich, was er nicht selbst erfüllen muss. Zur Motivation seiner Mitarbeiter (Originalton) wird er die Perfektion der Planung bis zum Niedergang des Unternehmens betreiben.

Dies beansprucht in der Regel lange Zeit, denn zugunsten der Überlebensfähigkeit von Unternehmen hat die Natur vorgesorgt. Topmanager bauen al-

103 Die lange Leitung korrespondiert signifikant mit der Kurzsichtigkeit der Finanzanalysten und der institutionellen Anleger.

lein auf die strategische Planung, die sie unbekümmert mit strategischer Unternehmensführung gleichsetzen, so dass sie die betrieblichen Abläufe nicht stören. Mit dieser Enthaltsamkeit tragen Topmanager wesentlich zur Existenzsicherung des Unternehmens bei.

Der Abschlussprüfer kann daher über lange Zeit die managementbedingten Risiken der künftigen Entwicklung des Unternehmens negieren und sich darauf konzentrieren, die anderen Risiken der künftigen Entwicklung hinsichtlich des Going-Concern-Grundsatzes und bei der Prüfung des Lageberichts zu würdigen.

Hartnäckig hält sich das Gerücht, dass höhergestellte Manager im Vergleich zu nachgeordneten Mitarbeitern eine größere *Verantwortung* tragen. Das ist prinzipiell nicht falsch, muss aber differenziert gesehen werden. Unbestritten ist, dass Topmanager die volle Verantwortung für jede Art von Erfolg zu übernehmen haben. Zum Ausgleich trachten sie danach, die übrige Verantwortung, z.B. für Fehlschläge, an rangtiefere Manager zu delegieren.

Diese Erfolgsbeteiligung nennt man „Partizipatives Management". Es gilt als zeitgemäß und reduziert die persönlichen Konsequenzen aus Fehlentscheidungen und Misserfolgen beträchtlich. Diese Reduktion nimmt mit dem Aufstieg in der Managementhierarchie rasant zu und führt dazu, dass im Gegensatz zum indischen Kastenwesen in der Managementhierarchie die Unberührbaren an der Spitze stehen.

c) Managementbetrieb und Hierarchie

Der noch unzureichend erforschte Managementbetrieb wird nach bisherigen Erkenntnissen[104] insbesondere von folgenden Prinzipien und Gesetzmäßigkeiten beherrscht.

Nach dem *Peter-Prinzip*[105] neigt jeder Beschäftigte dazu, in der Hierarchie einer Organisation bis zur Stufe seiner Inkompetenz aufzusteigen. Ehrgeizige Beschäftigte haben es dabei besonders eilig. Wer seine Endplatzierung nicht schnell genug erreicht oder erreichen kann, versucht es in einer anderen, meist größeren Organisation.

---

104 Zu den Indiskretionen siehe im Einzelnen: *Hakelmacher*, Das Leoparden-Paradox, Lengwil 1997; ders., Die Falken-Parabel, Lengwil 1999.

105 *Peter/Hull*, Das Peter-Prinzip, Reinbeck 1970.

Hakelmachers Schlussfolgerung lautet: Die Unternehmensfortführung ist dann gewährleistet, wenn die Mehrzahl der Unternehmens- oder Konzernangehörigen ihre hierarchische Endstufe noch nicht erreicht haben. Das Phänomen fähiger Spitzenkräfte lässt sich nicht leugnen, aber nur schwer erklären[106].

Das *Dilbert-Prinzip*[107] ist Ausdruck des Selbsterhaltungstriebs des Unternehmens. Es besagt, dass die unfähigsten Mitarbeiter systematisch dorthin versetzt werden, wo sie den geringsten Schaden anstellen können, nämlich ins höhere Management. Das gelingt nicht immer, aber mit zunehmender Größe der Unternehmen immer öfter.

Nach *Parkinson*[108] ist jeder Manager bestrebt, unabhängig vom Arbeitsumfang die Zahl seiner Untergebenen zu erhöhen. Dies gelingt, weil die bürokratische Arbeit einer Organisation so lange ausgedehnt wird, bis die zur Verfügung stehende Zeit und die vorhandenen Räumlichkeiten ausgefüllt sind. Solange die Kreditfähigkeit des Unternehmens noch gegeben ist, werden neue Büroräume geschaffen.

In der Verwaltung haben Arbeitsumfang und Zahl der Mitarbeiter nichts miteinander zu tun. Die Arbeit dient nur dazu, die zur Verfügung stehende Zeit und den durch menschliches Versagen entstandenen Leerlauf auszufüllen. Auch im Prüfungs- und Beratungsgeschäft darf große Betriebsamkeit nicht mit hohem Arbeitsumfang verwechselt werden.

Je höher die Hierarchiestufe und je größer der unaufhaltsam steigende Bürokratisierungsgrad, desto häufiger kommt *Murphys Gesetz*[109] zur Anwendung: Wenn etwas schief gehen kann, geht es auch schief. Die praktische Folge ist das bereits beschriebene partizipative Management.

Trotz dieser einleuchtenden Prinzipien fällt es dem Außenstehenden schwer, den Managementbetrieb zu begreifen. Er muss zwischen der formalen und der faktischen Hierarchie eines Unternehmens unterscheiden können. Während die formale Hierarchie das Karrierestreben lenkt, dient die fakti-

106 Zum derzeitigen Stand wissenschaftlich fundierter Erklärungen siehe *Hakelmacher*, Vom Teenager zum Man-ager, 2. Auflage, Wiesbaden 1996, S. 7 ff. Zur Früherkennung existenzgefährdender Risiken wäre diesbezüglich eine Offene-Posten-Buchhaltung zu empfehlen.

107 *Adams*, The Dilbert Principle, New York 1986.

108 *Parkinson*'s Law, London 1985 (Reprint).

109 *Bloch*, Murphy's Law, 4. Auflage, Los Angeles 1978, S. 11.

sche Hierarchie, die Manager abweichend von der formalen Struktur einstuft, als Treibsatz der Karriere. Für die formale Hierarchie ist der Einfluss Dritter wichtig, während es bei der faktischen Hierarchie auf Eigeninitiative ankommt.

Die *formale Hierarchie* ist bedeutsam für die Visitenkarte und ähnlich ernst zu nehmende Attribute des höheren Managements. Sie bestimmt die theoretischen Machtbefugnisse und die Formalitäten für die materielle Ausstattung der Managementposition.

Die *faktische Hierarchie* entscheidet dagegen über Macht und Einfluss. Sie manifestiert sich in der Höhe der Kosten, die der Manager und seine Untergebenden verursachen. Je höher die Kosten, umso gewaltiger der Manager.

Der karrierebewusste Manager ist daher ständig bestrebt, nicht nur die Zahl seiner Mitarbeiter, sondern vor allem die Höhe der von ihm verursachten Kosten zu steigern, um seinen weiteren Aufstieg in der Hierarchie der Unternehmung und auf der Gehaltsskala zu erzwingen. Da die Überlebensfähigkeit von Unternehmen auf den oberen Managementebenen generell überschätzt wird[110], ist sichergestellt, dass jeder ambitionierte Manager zügig bis zur Stufe seiner Unfähigkeit emporsteigen kann.

d) Der Aufsichtsrat

Um den latenten Übermut der Topmanager zu bremsen, haben Kapitalgesellschaften einen Aufsichtsrat. In der Unternehmensverfassung ist der Aufsichtsrat als hoch stehendes, mehr oder minder reizbares *Organ* angelegt, das großes Ansehen und Ineffizienz ideal vereinigt[111]. Aufsichtsräte sind Personen, die so tun können, als wüssten sie alles. Fehlende Sachkenntnisse oder mangelndes Engagement verbergen sie mit der feierlichen Haltung des Körpers und gleichen sie mit der Exklusivität und dem festlichen Rahmen ihrer Zusammenkünfte aus.

Bei dieser Sachlage ist es verständlich, dass nur Topmanager und andere Spitzenleute als Aufsichtsräte ministrabel sind. Manche Hierarchologen[112]

110 *Hinterhälter*, Die Blauäugigkeit bei roten Zahlen, Frankfurt 1999, S. 27.
111 *Sauerbrot*, Organogese, 12. Auflage, Berlin 1987.
112 Siehe u.a. *Zapper-Loth*, Selbstheilungskräfte des modernen Kapitalismus, Frankfurt 1989; *Macke*, Überlebenshilfen in großer Höhe, 2. Auflage, Leipzig 1994.

werten es als glückliche Fügung der Natur, dass der Posten des gemeinen Aufsichtsratsmitgliedes derjenige ist , auf dem Topmanager den geringsten Schaden anrichten können[113].

Die irdische Herkunft der Aufsichtsräte wird heute kaum noch bezweifelt[114]. Eine Kurzumfrage unter Berufsangehörigen hat bereits 1998 das bemerkenswerte Resultat gezeitigt, dass sich 17,2 % der Wirtschaftsprüfer furchtlos dem Aufsichtsrat nähern. Zur Humanisierung der Beziehungen zum Aufsichtsrat dürften die Untersuchungen des Verfassers wesentlich beitragen haben, mit denen schon vor Jahren das Dunkel des Aufsichtsratswesens ausgeleuchtet wurde[115]. Inzwischen sind die meisten Aufsichtsräte älter geworden. Als Up-date werden in Kapitel VI, 2 wertvolle Hinweise gegeben, um den Auftritt des Abschlussprüfers vor dem Aufsichtsrat zu optimieren.

Die *Mitgliederzahl* der Aufsichtsräte richtet sich nach Gesetz oder Satzung. Durch die gesetzliche Regelung der Mitbestimmung wird gewährleistet, dass der Aufsichtsrat bei großen Unternehmen mit 20 oder 21 Mitgliedern eine arbeitsunfähige Größe erreicht. Arbeitsfähig ist ein Aufsichtsrat oder ein Aufsichtsratsausschuss, der höchstens fünf Mitglieder umfasst, von denen mindestens zwei verhindert sind.

Die weltweit einzigartige, durch Lippenbekenntnisse in Deutschland hoch gelobte paritätische *Mitbestimmung* hat dazu geführt, dass die Aufsichtsratssitzungen zu gesellschaftlichen Ereignissen geworden sind, in denen die Überwachung der Geschäftsführung zelebriert wird. Um das Ritual der Aufsichtsratsitzungen störungsfrei ablaufen zu lassen, versuchen Anteilseigner- und Arbeitnehmervertreter jeweils getrennt in Vorbesprechungen und getragen von Konsensgedanken die unvermeidbaren Geschäfte mit dem Vorstand sowie unter sich abzuklären[116]. Dadurch wurde die eigentliche Überwachungstätigkeit des Aufsichtsrates zur feierlichen Randerscheinung.

---

113 Wegen des angloamerikanischen Boardsystems blieb Adams diese bemerkenswerte Erweiterung des Dilbert-Prinzips verborgen.

114 Noch immer zweifelnd, aber mit zahlreichen Nachweisen irdischer Erscheinungen: *Grünspan*, Schutz für den Überwachtelkönig, Hamburg 1997, siehe auch schon *Knitterfels*, Geheimbündelei und rechtsstaatliche Ordnung, Karlsruhe 1982.

115 *Hakelmacher*, Der Aufsichtsrat – ein sensibles Organ, WPg 1991, S. 104 ff.; noch moderner: ders., Die Falken-Parabel, Litzelstetten 1990.

116 Aufklärend *Dünkelmann*, Konsens als Nonsens, Frankfurt 1998.

Die übrigen Fortschritte, die der paritätischen Mitbestimmung zu verdanken sind, bestehen darin, dass sie eine verlässliche Grundlage für die Sitzordnung der Aufsichtsratsmitglieder (SOFA) bietet[117] und dass die Diskussion über Sitzungstermine[118] für eine angemessene Dauer der Aufsichtsratsitzungen sorgt.

Obwohl der Aufsichtsrat bis auf den Vorstand nichts zu bestellen hat, soll er im Geheimen und in Sitzungen die Geschäftsführung des Vorstandes unverdrossen überwachen. Der Aufsichtsrat soll den Vorstand ständig daran hindern, etwas falsch zu machen, ohne zu wissen, was richtig ist. Wie er das tut, ist bei erfolgreichen Unternehmen ein bis heute wohl gehütetes Geheimnis[119].

Der Aufsichtsrat darf sich aber nicht in die Geschäftsführung einmischen, was ein selbstbewusster Vorstand ihn bei jeder Gelegenheit spüren lässt. Daher genügt es, wenn der Aufsichtsrat anstelle der Über- oder Weitsicht die Aufsicht hat, auf die der Vorstand aus Vorsicht und im Hinblick auf die Absicht des Gesetzgebers Rücksicht nimmt.

Damit der Aufsichtsrat seiner *Überwachungspflicht* nachkommen kann, hat ihn der zu überwachende Vorstand entsprechend zu informieren (§ 90 AktG). Diese Form der Selbstanzeige erfordert viel Fingerspitzengefühl, denn Aussagekraft oder Aktualität der Informationen dürfen weder das eigene Image schädigen, noch den Aufsichtsrat in Panik versetzen. Jeder erfahrene Manager weiß: Kontrolle ist gut, aber Transparenz liefert ans Messer. Nicht nur aus Fürsorge für die Aufsichtsratsmitglieder, sondern auch zur Selbsterhaltung wird der Vorstand ernsthafte Probleme erst ansprechen, wenn alle anderen Möglichkeiten erschöpft sind. Damit können die üblichen Unternehmenskrisen ungestört zur Katastrophe heranreifen[120].

Die üblichen Sprechstunden der Aufsichtsräte nennt man *Sitzungen*, weil alle sitzen und nur wenige sprechen. Ihre Dauer ist in der Regel auf drei Stunden begrenzt, weil die Prälimenarien wie Begrüßung, Verabschiedung des Protokolls der letzten Sitzung und Terminabsprachen meist in einer Stunde erledigt werden und die Mitteilung und Diskussion der Informationen des

117 *Reitzenstein*, Intimstrukturen prominenter Organe, München 1997.
118 Gewerkschaftsfunktionäre leiden noch stärker als Topmanager unter ihrer Unabkömmlichkeit.
119 *Merkpöstle*, Ich sage nichts – Memoiren eines Geheimrates, Neuauflage Stuttgart 1999.
120 *Hintergruber*, Die Blauäugigkeit bei roten Zahlen, Frankfurt 1999, S. 281.

Vorstands höchstens 105 Minuten beanspruchen. In schlank organisierten Unternehmen dauert das Aufsichtsratsessen länger als die Aufsichtsratssitzung[121].

Die rituellen Zusammenkünfte der Aufsichtsräte finden im allgemeinen zwei bis vier mal im Jahr statt. Ihr saisonaler Höhepunkt ist die sog. Bilanzsitzung, in der der Aufsichtsrat die Bilanz verabschiedet und seine Entlastung durch die Hauptversammlung vorbereitet. Damit sich Vorstand und Aufsichtsrat bei der Behandlung des Jahresabschlusses nicht allein auf die Schulter klopfen, ist die Anwesenheit des Abschlussprüfers vorgeschrieben worden.

Seit dem KonTraG vom 24.4.1998 ist der Aufsichtsrat für den Abschlussprüfer als Auftraggeber von besonderem Interesse (siehe Kapitel VI, 2). Die dadurch unvermeidbaren direkten Kontakte zwischen *Aufsichtsrat und Abschlussprüfer* sind besonders delikat, wenn der Abschlussprüfer aus der Durchsicht der Aufsichtsratsprotokolle und der wirtschaftlichen Lage des Unternehmens ersieht: Aufsichtsräte glauben nicht an Wunder, sie verlassen sich auf sie.

e) Das unternehmensinterne Überwachungssystem

§ 91 Abs. 2 AktG verlangt vom Vorstand geeignete Maßnahmen zur *Früherkennung von Risiken*, welche die Existenz des Unternehmens gefährden oder seine künftige Entwicklung wesentlich beeinträchtigen können. Dazu gehört ein wirkungsvolles Überwachungssystem. Dieser brutale Eingriff in die Freiheit eines Spitzenmanagers eskaliert bei börsennotierten Unternehmen dahingehend, dass der Abschlussprüfer Existenz und Effizienz des Überwachungssystems prüfen und bestätigen soll. Er soll sogar notwendige Verbesserungen vorschlagen.

Das gesetzlich zugemutete Überwachungssystem ist – entgegen zielorientierter Expertenansicht – nicht Neues. Es war schon immer als Teil der Sorgfaltspflicht des Vorstandes mehr oder weniger vernachlässigt worden. Neu sind die aus dem Dunkel von Wissenschaft und Beratung heraustretenden

121 Dieser Tatbestand ist wichtig für den Abschlussprüfer, wenn er nicht nur zur Bilanzsitzung des Aufsichtsrates, sondern auch zu dem anschließenden, für das Prüfungsmandat viel wichtigeren Essen eingeladen wird.

Überwachungsexperten, die in fundamentalen Abhandlungen[122] oder gestylten Präsentationen darüber philosophieren, was denn ein Überwachungssystem sei. Aus diesem Stoff, aus dem die Beratungsträume sind[123], wird dann ein neuartiges, unentbehrliches Managementtool[124] gestrickt, das zu seiner Einführung intensiver Beratung durch den Erfinder des Tools bedarf. Jetzt soll kontrolliert in die Hose gehen, was bisher von selbst schief gegangen ist.

Belesene Kreise definieren das Überwachungssystem als Regelkreis, der die Gesamtheit von Planung, Controlling, internem Kontrollsystem, organisatorischen Maßnahmen und interner Revision umfasst und durch ein Früherkennungssystem komplettiert wird. Obwohl der Aufsichtsrat vom Vorstand gesteuert wird, gehört der Aufsichtsrat nicht zum Überwachungssystem, für das der Vorstand verantwortlich gemacht werden kann. Der Aufsichtsrat ist schließlich keine Systemkomponente, sondern eine Kompositon eigener Art. Er behauptet sich als eigenständiges Überwachungsorgan, das vom Vorstand unabhängig, aber von dessen Informationen abhängig seinen Dienst tut.

Die den Fortbestand des Unternehmens *gefährdende Entwicklungen* wurden bisher nur unvollständig evaluiert. Wenn man von Erdbeben, Sandstürmen und Vulkanausbrüchen absieht, die in unseren Breitengraden relativ selten sind, fallen dem akademischen Betrachter die Verwerfungen der Marktes und die Verworfenheit der Konkurrenz als potentielle Bedrohungen unschuldiger Unternehmen ein. Relativ ungehemmt bekennt man sich zu finanziellen Risiken aller Art, weil sie sich durch undurchschaubare, aber anerkannte Verfahren quantifizieren lassen. Value-at-Risk- und ähnliche Modellrechnungen wirken schon durch ihre bloße Erwähnung beruhigend auf ein gelegentlich hervorbrechendes Risikobewusstsein.

Demgegenüber sind die *erogenen Zonen des Unternehmens*, also das Topmanagement, und die damit verbundenen Risiken weitgehend tabuisiert.

---

122 Vgl. *Lück*, Elemente eines Risiko-Managementsystems, DB 1998, S. 8 ff; *Kromschröder/Lück/Schmalenbachgesellschaft*, Grundsätze ordnungsmäßiger Unternehmensüberwachung, DB 1998, S. 1573; *Lück*, Der Umgang mit unternehmerischen Risiken ..., DB 1998, S. 1925; *Vogler/Grundert*, Einführung eines Überwachungssystems, DB 1998, S. 2377.

123 *Schimmel*, Der wahre Stoff glaubwürdiger Legenden, München 1998, S. 144.

124 Managementtool ist die Bezeichnung für teure, theoretisch geeignete Konzepte zur Unternehmenssteuerung, die vor ihrer praktischen Erprobung durch neue Tools ersetzt werden. Grundlegend dazu *Bratengeier*, Tools for Fools, New York – Berlin, 3. Auflage 1995.

Dennoch haben waghalsige Unternehmensforscher pseudotheoretische Betrachtungen der Praxis angestellt und dabei eine dynamische Inkompetenz von hoch dotierten Topmanagern, ungezügelte Umtriebe professioneller Unternehmensberater oder die Vergreisung von Vor- und Aufsichtsräten als existenzgefährdende Entwicklungen diagnostiziert[125]. Wegen der langen Inkubationszeit und der schamhaften Verdeckung der Symptome werden sie meist zu spät erkannt. Man beruhigt sich damit, dass es noch an wirksamen Therapien fehlt.

125 *Hochleister*, Absurditäten in höchsten Ämtern, Berlin 1996, Band 4.

3. Aktuelle Trends der Unternehmensentwicklung

a) Der Hang zur Größe

Der Gigantismus ist bei ambitionierten Topmanagern stark ausgeprägt und nach wie vor ungebremst. Die von Parkinson beschriebenen Gesetzmäßigkeiten erklären nicht nur die Wucherungen der Bürokratie in vorhandenen Organisationen. Sie begründen auch den *Konzernierungsdrang* der meisten Topmanager. Unabhängig von Geschäftsumfang und -entwicklung der Unternehmung ist der dynamisch überdrehte Topmanager bestrebt, sein Unternehmen zur Mutter zu machen, um dann die Zahl ihrer Tochterunternehmen ständig zu erhöhen.

Weniger emotional ausgedrückt, verdanken Konzerne ihre Existenz und ihr Wachstum dem Unwillen der Topmanager, überschüssige Finanzmittel des Unternehmens an seine Kapitalgeber zurückzugeben. Etablierte Topmanager sind davon überzeugt, dass sie am besten wissen wie die ihnen überlassenen Finanzmittel zu investieren oder anzulegen sind. Kein Aufsichtsrat ist nüchtern genug, um sich nicht von der vorbehaltslosen Begeisterung für Unternehmens- und Konzerngröße anstecken zu lassen.

Als Ersatz für die antiken Gladiatorenkämpfe entwickelten sich in der Neuzeit die *Übernahmen von Unternehmen*. Viele Unternehmen haben sich mit einfachen Übernahmen übernommen. In den 70er Jahren war die Diversifikation, insbesondere durch Erwerb branchenfremder Unternehmen, die sicherste Methode, um ein erfolgreiches Unternehmen in ernste Schwierigkeiten zu bringen. Heute genügen den gestiegenen Ansprüchen an die Folgen von Fehlentscheidungen selbst feindliche Übernahmeangebote nicht mehr.

Für die Jungdynamiker der New Economy ist nicht der Gang der Geschäfte, sondern der *Börsengang*[126] das rasche Ziel ihrer Internetträume. Getragen von der Fantasie der Finanzanalysten und der Euphorie der Emissionshäuser genügt für einen erfolgreichen Initial Private Offer (IPO) der Hinweis, dass das Unternehmen über mehrere exentrische Elektroniker verfügt, die sich mit

126 Der Börsengang ist von der Börsengang zu unterscheiden, die ihn mit hohen Aufwendungen mehr oder weniger unterstützt. Zur Börsengang gehören IPO-Berater, Emissionshäuser, Anwälte, Notare und auch Wirtschaftsprüfer.

COM-Plikationen, Netzwerkablösungen u.ä. virtuellen Dingen virtuos, d.h. nicht nur vorübergehend verlusterzeugend, beschäftigen.

Der besondere Reiz des Börsengangs liegt darin, dass die interessierten Topmanager jedes Gespür für finanzielle Zahlen verlieren und die Finanzanalysten größere Risiken zwar erwähnen, aber im Interesse der Ausgewogenheit bei ihren Prognosen nicht berücksichtigen. Der Hauptnutzen der nach dem IPO unvermeidlich einsetzenden Roadshows und Analystengespräche liegt darin, dass alle Beteiligten angesichts auftretender Verluste den Cashflow und den Gewinn pro Aktie (Earnings per Share; EPS) nicht als tragische Größe an sehen.

b) Globalisierung

Hoch gesteckte Ziele der Manager stehen heute im Zeichen der *Globalisierung*. Global heißt erdumfassend, aber nicht erdverbunden. Wer als General Manager alle Gemeinplätze abgegrast hat, fühlt sich zum Global Manager berufen. Anstelle der Weit- oder Konzernsicht tritt jetzt die Globalsicht. Der aufstrebende Rechnungsleger unterstreicht das mit seinem Hang zu internationaler Rechnungslegung.

Schon die Andeutung globaler Strategien überzeugt jeden Finanzanalysten von der Tüchtigkeit der Spitzenmanager. Da laute Globalisierungsgedanken zur Erhellung finsterer Geschäftsaussichten nützlich sind, wollen ehrgeizige Konzernspitzen auf einer weltweiten Spielwiese herumtoben. Diese Spielernaturen nennt man „Global Player".

Als eine verstärkte Form des schon lange in den Industrieländern grassierenden Konzernierungsdranges[127] hat sich in den letzten Jahren das *Fusionsfieber* ausgebreitet. Prominente Spitzenkräfte, die nicht allein sein können, werden leicht vom Fusionsfieber befallen. In seiner ursprünglich harmlosen Form beruht es auf gegenseitiger Überschätzung der beteiligten Parteien, also der Topmanager der zu verschmelzenden Gesellschaften. Diese Hochachtung wiederum wird durch sagenhafte Synergiepotenziale hervorgerufen, die in vielen Managementbüchern reizvoll und exakt beschrieben werden, die aber in der Praxis entweder ein negatives Vorzeichen haben oder nicht von selbst kommen und nur verspätet eintreffen.

127 *Hakelmacher*, Going Concern oder der Konzernierungsdrang, WPg 1999, S. 99.

Im Zeitalter der Globalisierung verdienen nur Fusionen internationaler Großkonzerne öffentliche Aufmerksamkeit, weil nur sie weltweite Krisen mittleren Ausmaßes verursachen können. Die durch die Fusion verdoppelten Konzernerfahrungen ersetzen das gewohnte Durcheinander der fusionierenden Konzerne durch ein weltweites Chaos des neu geschaffenen Konzerns[128].

Auslöser *globaler Fusionen* ist die plötzliche und präzise Eingebung zweier visionär begabter Konzernchefs, die sich zufällig irgendwo treffen und aus belanglosem Anlass Gefallen an der Fusionsidee finden. Was früher von langer Hand vorbereitet und umständlich analysiert wurde, wird jetzt anlässlich eines allenfalls durch Golf verdorbenen Spaziergangs dingfest gemacht. Für Einzelheiten gibt es die Due-Diligence-Prüfung, an der jeder ehrgeizige Wirtschaftsprüfer gern beteiligt ist[129].

Eine moderne Spitzenkraft nimmt nicht mehr alle Fehleinschätzungen selbst vor. Sie lässt auch Anderen eine Chance. Daher werden Unternehmensberater, u.U. sogar Wirtschaftsprüfer eingeschaltet. Unternehmenserwerbe oder Fusionen, die mit überhöhtem Beratungsaufwand verbunden sind, nennt man in der atemberaubenden Atmosphäre der Finanzwelt „Merger and Acquisition". Das klingt wesentlich professioneller als „Verschmelzung und Unternehmenserwerb".

Bedenken, die durch Bewertungsgutachten, Due-Diligence und angebliche Synergiepotenziale nicht ausgeräumt werden können, werden durch Aktienoptionen für die beteiligten Spitzenmanager beseitigt. Aktienoptionen verändern das Denken und Handeln der Manager bis zur Bewusstseinsspaltung. Das zeigt sich u.a. daran, dass gewährte Aktienoptionen bei der Rechnungslegung versickern und im Jahresabschluss nicht zu entdecken sind.

Nach der globalen Fusion sorgt ein weltumspannendes Planungs- und Informationswesen, das verwertbare Daten nicht oder nur unter erhebliche erschwerten Bedingungen erkennen lässt, für die weitere Chaotisierung. Die Verschmelzung der zentralen Stabsabteilungen der bisher getrennten Konzernleitungen absorbiert ihre ohnedies rudimentären Kontakte zum Marktgeschehen und zu allen operativen Tätigkeiten, so dass neue globale Strategien nicht behindert werden. Das um sich greifende Chaos soll davon ablenken, dass von den verschiedenartigen Unternehmenskulturen, die bei der Fusion aufeinanderprallen, nur eine überlebt.

---

128 Eine solche Fusion stellt die Vergrößerungsform von Konfusion dar.
129 Vgl. Kapitel II, 4.

IV. Die kaufmännische Buchführung

Von einem gestandenen Wirtschaftsprüfer wird erwartet, dass er mit den Besonderheiten der kaufmännischen Buchhaltung in Grundzügen vertraut ist. Es mag dahingestellt bleiben, ob diese Erwartung gerechtfertigt ist. Die nachfolgenden Neuigkeiten für Wirtschaftsprüfer sollen jedenfalls verhindern, dass sich eine neue Erwartungslücke auftut.

1. Grundlagen

a) Buchführungspflichten

Der Kaufmann führt seit alten Zeiten Bücher, um seine Geschäfte, sein Vermögen und seine Schulden überblicken und sich durch einen jährlichen Abschluss am Gewinn und an der Vermögensmehrung freuen oder über Verluste und Vermögensminderungen die Haare raufen zu können. Der moderne Topmanager lässt Bücher führen, weil ihm die dort vermerkten Details den weiten Horizont der strategischen Unternehmensführung verstellen würden[130]. Von ungünstigen Geschäftsentwicklungen erfährt er dadurch spät genug, um seinem Aufsichtsorgan sowie den Gesellschaftern und Gläubigern rechtzeitige Nervosität zu ersparen.

Damit die Unkenntnisse über die wirtschaftliche Situation des Unternehmens bei Vorstand und Aufsichtsrat nicht eskalieren, ist für mittelgroße und große haftungsbeschränkte Unternehmen, insbesondere Kapitalgesellschaften, eine jährliche Prüfung der Bücher und des Jahresabschlusses vorgeschrieben. Der Bericht des Abschlussprüfers soll den Vorstands- und Aufsichtsratsmitgliedern die Unschuld in Bezug auf die Lage des Unternehmens nehmen. Das kann naturgemäß nur in zusammengefasster Form geschehen, so dass die globale Sicht der genannten Organe nicht getrübt wird und genügend Raum für Erwartungs-, Überwachungs- und sonstigen Lücken bleibt.

Jeder Kaufmann ist gesetzlich zur Buchführung verpflichtet, die der in §§ 238 ff. HGB festgelegten Ordnung entsprechen muss. Auch aus steuerlichen Gründen bleibt dem Kaufmann die Buchführung nicht erspart (§ 140 ff. AO). Damit bei runden Geburtstagen von Unternehmern oder Unternehmen

130 *Reifeisen*, Wir öffnen Horizonte, Frankfurt 1997, S. 18 f.

Firmenchroniken geschrieben werden können, müssen Handelsbücher, Handelsbriefe und sonstige Unterlagen der Buchführung viele Jahre aufbewahrt werden. Die gesetzlich vorgeschriebenen Aufbewahrungsfristen von 10 oder 6 Jahren dürften dafür nicht ausreichen.

b) Die Grundsätze ordnungsmäßiger Buchführung

Wenn Gesetzgeber, Kaufmann und Finanzbehörden in Sachen Buchführung und Rechnungslegung nicht mehr weiter wissen, kommen die *Grundsätze ordnungsmäßiger Buchführung* ins Spiel, von denen bis heute keiner wirklich weiß, wie sie zustande kommen. Sie betreffen nicht nur die Buchführung, sondern in noch größerem Umfang den Jahresabschluss oder den Konzernabschluss mit Bilanz, Gewinn- und Verlustrechnung und Anhang sowie ggf. den Lagebericht. Mit anderen Worten: Jedes Teilchen der kaufmännischen Buchführung und Rechnungslegung wird von den Grundsätzen ordnungsmäßiger Buchführung berührt.

Ursprünglich drückten die Grundsätze ordnungsmäßiger Buchführung (GoB) die guten Sitten und Gebräuche ordentlicher, ehrenwerter Kaufleute in Bezug auf das kaufmännische Rechnen und Dokumentieren aus. Dieser paradiesische Zustand endete, als die GoB[131] den Juristen in die Hände fielen, die zwar angeblich nicht rechnen können, aber als Bedenkenträger ihrer Umwelt dauernd Schwierigkeiten zu machen belieben. Sie verfielen auf die Idee, dass die Grundsätze ordnungsmäßiger Buchführung deduktiv, das soll heißen durch Nachdenken[132], ermittelt werden. Die Theoretiker der Betriebswirtschaftslehre schlossen sich dieser Auffassung an, so dass sie zur herrschenden Lehre wurde.

Wenn Juristen sich nicht präzise ausdrücken können oder wollen, schaffen sie *unbestimmte Rechtsbegriffe*. Der Streit um deren Auslegung und zutreffende Anwendung ist nicht nur Gegenstand der juristischen Ausbildung, sondern vor allem eine wesentliche Erwerbsgrundlage ausgebildeter Juristen. Wie weit

131 Diese gebräuchliche Abkürzung kann durchaus als Zeichen eines gewissen Werteverfalls gewertet werden; sie ist auch Ausfluss der Hektik unserer Zeit. Zweifel sind dahingehend angebracht, ob sie sich als letzter deutschsprachige Bestandteil unserer Rechnungslegungsvorschriften in Zukunft behaupten behaupten kann. Manche Progressive sprechen schon jetzt von deutschen Gäpp (GAAP).

132 Gefragt ist eigentlich ein Vordenken. Wenn Juristen als Vordenker nachdenken, werden ihre Mandanten meist nachdenklich.

das Chaos der unbestimmten Rechtsbegriffe inzwischen geht, wird daran deutlich, dass selbst die vernünftige kaufmännische Beurteilung (vgl. z.B. § 253 Abs. 3 S. 3 HGB) juristisch zum unbestimmten Rechtsbegriff degradiert wurde.

Auch die Grundsätze ordnungsmäßiger Buchführung sind ein unbestimmter Rechtsbegriff, an dem jeder rummäkeln kann. Sie bieten daher ein unerschöpfliches Tätigkeitsfeld für Anwender, Interpreten und Demagogen. Als unbestimmte Rechtsbegriffe unterliegen sie der gerichtlichen Überprüfung, was zu ihrem irritierenden Charakter beiträgt.

Der moderne Brei der Grundsätze ordnungsmäßiger Buchführung hat viele Köche. Gesetzgeber, Rechtsprechung, Interessenverbände wie DIHT, IDW oder Steuergewerkschaft, ferner Gelehrte der Betriebswirtschaftslehre und Jurisprudenz und andere Hobbyköche liefern ihre Zutaten. Neuerdings gibt auch noch der Standardisierungsrat des Deutschen Rechnungslegungs Standards Committee (DSRC)[133] seinen Senf dazu. Bei dieser verwirrenden Mischung bedarf es starker Autoren wie den Verfasser, die dem verunsicherten Berufsangehörigen entschieden und mutig den rechten Weg weisen.

Man darf heute mit der Mehrheit moderner Bilanzexperten[134] getrost davon ausgehen, dass der *Zweck der Rechnungslegung* die Grundsätze ordnungsmäßiger Buchführung bestimmt. Es handelt sich also um durch den Zweck geheiligte Prinzipien, die von der Praxis durch weite Anwendung akzeptiert werden, um die Vermögens-, Finanz- und Ertragslage der Unternehmen, u.U. bis zur Unkenntlichkeit, sachverständig zu verfremden. Die Grundsätze ordnungsmäßiger Buchführung werden von Kommentatoren, Hochschullehrern und Rechtsprechung auf unterschiedliche Weise kategorisiert und im Detail abweichend interpretiert, bis die Praxis ihrer überdrüssig wird und andere Prinzipien entwickelt und anwendet.

Für den normalen Wirtschaftsprüfer, der sich als potenzieller Abschlussprüfer profilieren will, genügt die Kenntnis der einsichtigsten Grundsätze ordnungsmäßiger Buchführung, die sich auf den Jahresabschluss beziehen. Ihr wahres Wesen wird nachfolgend kurz beschrieben.

133 Siehe Kapitel V, 3 c.

134 Ausnahmen z.B. *Ballwieser*, Grundsätze ordnungsmäßiger Buchführung, in: *Castan/Heymann/Ordelheide/Scheffler* (Hrsg.), Beck'sches Handbuch der Rechnungslegung, B 105 Rz. 82 ff.

Aus Sicht der Investoren und der diesen verbundenen Bilanzauslegern ist der *Grundsatz der Vorsicht* (§ 252 Abs. 1 Nr. 4 HGB) am stärksten in Verruf geraten, weil er nur bei guter Ertragslage voll ausgelebt wird. Dennoch hat der Gesetzgeber auch in jüngster Zeit erklärt, dass seine Aufgabe oder Einschränkung nicht in Frage kommt[135]. Daraus folgt, dass der Jahresabschluss die Lage des Unternehmens klar und übersichtlich, aber weiterhin klar vorsichtig und aus Vorsicht nicht zu übersichtlich darstellen soll. Die Angelsachsen halten so viel Vorsicht für unvereinbar mit der von ihnen favorisierten „Fair and True View". Danach soll die tatsächliche Lage des Unternehmens, die keiner kennt, geschweige denn beschreiben kann, im Jahresabschluss „heiter und wahrhaftig" durchblicken[136].

In diesem Zusammenhang bereitet das nun auch steuerlich geforderte *Vermummungsverbot für stille Reserven* (§ 280 HGB) den Bilanzmanagern berechtigte Sorgen, weil das Auf und Ab der geschäftlichen Entwicklung nicht mehr wie gewohnt geglättet werden kann. Die topmanagement-adäquate Rechnungslegung wird damit empfindlich getroffen, denn wo nichts still gelegt wurde, kann nichts still aufgelöst werden.

Bezüglich der stillen Lasten zwingen die strengen Übergangsvorschriften des BiRiLiG dazu, dass bereits gegen Ende des gegenwärtigen Jahrhunderts das volle Ausmaß der Pensionsverpflichtungen zu passivieren ist. In diesem Zusammenhang seien die bahnbrechenden Ausführungen des damaligen Vorsitzenden des Instituts der Wirtschaftsprüfer zitiert: „..wird es für uns nicht immer leicht sein, einem handelsrechtlichen Passivierungsgebot Geltung zu verschaffen"[137].

Ein weiterer, in Deutschland hoch gehaltener Grundsatz ist das *Realisationsprinzip*. Sein Gebot lautet: Du darfst den Gewinn nicht vor Erfüllung deiner Leistungen vereinnahmen. Dieses Prinzip erfreut sich in der internationalen Rechnungslegung großer Unbeliebtheit, weil es den Gewinnausweis bei langfristigen Aufträgen und bei sonstigen nicht realisierten Gewinnen ungebührlich verzögert. Daher wird z.B. im Vereinigten Königreich bei der Auslegung der 4. EG-Richtlinie „Realisation" mit „Realisierbarkeit" gleichgesetzt.

135 Begründung RegE zum KapAEG, S. 133.

136 *Lahmeier*, Einblick und Durchblick der Prinzipien der Rechnungslegung – ein internationaler Vergleich, München 1996, S. 121.

137 *Schnicke*, Ausgewählte Fragen aus der Facharbeit des IDW, WPg 1987, S. 696.

Mögliche Gewinne gelten prinzipiell als realisiert, wenn nicht äußerst widrige, seltene Umstände, z.B. der Zusammenbruch des Internet, dagegen sprechen, dass sie realisierbar sein könnten.

Für die Bewertung der Vermögensgegenstände und Schulden gehen die Grundsätze ordnungsmäßiger Buchführung davon aus, dass das bilanzierende Unternehmen fortgeführt wird, damit der Jahresabschluss leicht fertiggestellt werden kann (Grundsatz der Leichtfertigkeit). Das Prinzip der *Unternehmensfortführung* nennt man auch Going Concern-Prinzip (concern = Besorgnis), weil die erwähnte Unterstellung mit der ständigen Sorge verbunden ist, dass sie sich als falsch herausstellt.

Der Grundsatz der *Einzelbewertung* verlangt, dass alle Vermögensgegenstände und Schulden einzeln bewertet werden, was viel Aufwand für die Buchführung bedeutet und das Imparitätsprinzip ermöglicht. Wertverluste und -gewinne bei einzelnen Posten dürfen nicht gegen einander verrechnet werden.

Nach dem schrecklichen *Imparitätsprinzip* müssen unrealisierte Verluste bilanziert werden, während nicht realisierte Gewinne nicht angesetzt werden dürfen. In der Bilanzierungspraxis hat das zur Folge, dass das ausgewiesene Jahresergebnis bei guter Ertragslage schlechter und bei schlechter Ertragslage besser als die Realität ist. Die internationalen Rechnungsleger lehnen daher das Imparitätsprinzip ab[138].

Der Grundsatz der *Bewertungsstetigkeit* besagt, dass Vermögensgegenstände und Schulden stets zu bewerten sind. Noch unbequemer ist die weitergehende Auslegung, dass die dabei angewandten Methoden beizubehalten sind.

138 *Rühberg*, Die Gleichberechtigung von Gewinn und Verlust aus verfassungsrechtlicher Sicht, Hamburg 1995.

2. *Die doppelte Buchführung*

a) Arten der Buchführung[139]

Der Begriff „Buch“ ist im Zusammenhang mit der Buchführung nicht wörtlich gemeint. Geführt werden nicht nur gebundene Bücher. Buchführung ist auch auf losen Blättern oder elektronisch möglich. Mit „Buch“ oder „Bücher“ sind alle Unterlagen angesprochen, in denen die Geschäftsvorfälle in beliebiger Form aufgezeichnet werden. Dabei ist selbst für eingeweihte Kreise hilfreich, wenn den Aufzeichnungen eine gewisse Systematik zugrunde liegt.

Seit langer Zeit unterscheidet man die einfache und die doppelte Buchführung. Die *einfache Buchführung* ist fast ausgestorben. Dafür hat u.a. das komplizierte Steuerrecht gesorgt, das keine einfache Dokumentation zulässt. Die einfache Buchführung ist für den Wirtschaftsprüfer, der dank seiner hohen beruflichen Ausbildung an simplen Dingen wenig Gefallen findet, ebenfalls gestorben. Nur ausnahmsweise befasst er sich im Rahmen der Steuerberatung mit der sogenannten Einnahmen-Überschussrechnung, die eine komplizierte Abart der einfachen Buchführung ist.

Die *doppelte Buchführung* gehört zwar zum Grundstudium der Betriebswirtschaftslehre, doch kann man ohne diesbezügliche Kenntnisse in dieser Wissenschaft promovieren oder sogar das Wirtschaftsprüferexamen bestehen. In der Prüfungspraxis erweist es sich dennoch als hilfreich, wenn man die Grundbegriffe der doppelten Buchführung beherrscht und damit auch für dieses Fachgebiet als Experte akzeptiert wird. Daher die nachfolgenden Handreichungen.

Von dem Finanzchef einer großen Kapitalgesellschaft wird heutzutage verlangt, dass er zumindest die *dreifache Buchführung* beherrscht. Die aus ihr abgeleiteten Jahresabschlüsse müssen dreierlei divergierenden Ansprüchen gerecht werden, nämlich den Vorstellungen des Vorstandsvorsitzenden, den Anforderungen der Kapitalgeber und den Zumutungen des Fiskus. Auf das professionelle Bilanzmanagement wird in Kapitel V, 1 eingegangen.

---

139 Die Bezeichnung „Buchhaltung“, die früher verbreitet war, konnte sich in der durch Haltlosigkeit gekennzeichneten Postmoderne nicht halten. Obwohl niemand derzeit sagen kann, wohin das führen soll, spricht man heute nur noch von „Buchführung“. Vgl. *Schroben-Hauser*, Vom Kontor zum Bürohochhaus, Frankfurt 1979.

Es gibt zwei Grundformen der doppelten Buchführung, die man sehr wohl unterscheiden muss. Doppelte Buchführung bedeutet entweder
– das Führen doppelter Bücher oder
– die doppelte Erfassung der Geschäftsvorfälle.

b) Führen doppelter Bücher

Einfacher zu verstehen, aber schwieriger zu handhaben ist die Führung doppelter Bücher. Sie ist trotz zunehmender Indiskretionen immer noch ein exotischer Ausnahmefall der kaufmännischen Buchführung. Da dieser Fall selten, aber doch in weniger geringem Umfang vorkommt, muss auf ihn eingegangen werden.

Bei *Führung doppelter Bücher* werden zusammengehörige Sachverhalte in getrennten Büchern erfasst, ohne ihre Zusammengehörigkeit offenkundig zu machen. Sie wird allenfalls durch dummen Zufall bekannt. Theoretisch lässt sie sich über den Kopf der an der Trennung interessierten natürlichen Person nachvollziehen; für Dritte bleibt sie unsichtbar[140]. Auf der Theorie der Nachvollziehbarkeit beruht die sogenannte Vollständigkeitserklärung, die der Abschlussprüfer der Geschäftsführung des geprüften Unternehmens zumutet. Auf der Vollständigkeitserklärung wiederum basiert die gewöhnliche Abschlussprüfung mit ihren zeitlich limitierten Prüfungshandlungen.

„Doppelte Bücher" sind symbolisch zu verstehen. Es können auch drei und mehr Bücher sein, was die Unübersichtlichkeit erleichtert. Untrügliches Kennzeichen der zusätzlichen Bücher ist, dass sie im Dunkeln geführt werden[141]. Daher spricht man bei ihrem Zerfall in Konten (siehe dazu unten) auch von „schwarzen Konten".

Die *Probleme für den Abschlussprüfer* beginnen dann, wenn über Dritte die Existenz der doppelten Bücher allgemein bekannt wird und er nichts davon gemerkt hat oder wenn er selbst aus Zufall oder aufgrund gezielter Indiskretion das Vorkommen der doppelten Bücher nicht übersehen kann. Wie groß der Ärger ist, hängt davon ab, welchen Zweck die doppelten Bücher haben, wie groß der Umfang der separierten Datenerfassung und wer an der Aufdekkung dieser doppelten Buchführung interessiert ist.

---

140 *Kniffel*, Gespaltene Buchführung in Theorie und Praxis, Wiesbaden 1982.
141 *Bernsteiner*, Geheimbücherei im ausgehenden 20. Jahrhundert, Bonn 1998.

c) Die Doppik

Die doppelte Buchführung i.S. der doppelten Erfassung der Geschäftsvorfälle nennt der solide ausgebildete Buchexperte kurz und prägnant „Doppik“. Diese Bezeichnung kannte Luca Pacioli noch nicht, als er 1493 die doppelte Buchführung beschrieben hat[142]. Auch Goethe dürfte sie nur geahnt haben, als er die doppelte Buchführung als „eine der schönsten Erfindungen des menschlichen Geistes“ bezeichnete[143]. Immerhin liegt es wohl an dieser Einschätzung Goethes, dass die Buchführung in Form der Doppik heute als klassisch und damit als eine Angelegenheit angesehen wird, die der moderne Wirtschaftsprüfer besser den Universitäten und Handelsschulen überlassen sollte.

Die Doppik ist zwar die Grundlage des Jahresabschlusses, aber man benutzt auch kosmetische Artikel, ohne deren chemische Zusammensetzung zu kennen oder erklären zu können. Insofern geht die hier dargebotene Aufklärung über das Mindestwissen für Wirtschaftsprüfer hinaus.

Die englische Bezeichnung der Doppik, nämlich „double entry“, charakterisiert die doppelte Buchführung ganz markant. Es sind zumindest zwei Buchungen erforderlich, um einen Geschäftsvorfall ordnungsgemäß in den Büchern festzuhalten. Buchhalter der alten Schule verwenden bei ihrer emsigen Arbeit die Beschwörungsformel „per... an“. „Per“ bedeutet die perzeptive, d.h. zuerst wahrnehmbare Aufzeichnung und „an“ die andere, d.h. die zweite Aufzeichnung.

Wie Wahrsager den Kaffeesatz als Grundlage ihrer Vorhersage benutzen[144], gebrauchen Buchhalter zur kompletten Erfassung eines Geschäftsvorfalls den *Buchungssatz*. Ein Buchungssatz könnte z.B. lauten: per Reisekosten an Fahrkartenschalter.

Der Buchungssatz ist also die Anweisung für die doppelte oder mehrfache, letztlich aber komplette Eintragung desselben Sachverhalts in den verschiedenen Spalten der Bücher des Kaufmanns. Die mehrfache Erfassung eines buchungspflichtigen Vorgangs dient vor allem zur Vollauslastung der Buchhalter.

---

142 Summa de arithmetica, geometria, proportioni et proportionalita, 1487, gedruckt 1494.

143 *Goethe*, Wilhelm Meister, Lehrjahre, 1. Teil, 10. Kapitel (1784).

144 *Griepenkerl*, Satzinhalt und Satzaufbau als Merkmal interpretationsfähiger Ausdrucksformen, Köln 1989.

Als die Fülle der Geschäftsvorfälle immer mehr aus den gebundenen Büchern hervorquoll, schufen die Kaufleute besondere Aufzeichnungsblätter für die Buchhalter, die sie „*Konten*" nannten, weil damit mehr und mehrfache Buchungen besser erfasst werden konnten.

Weil die doppelte Buchführung zwei Eintragungen haben soll, erfand man „Haben" und „Soll". „Soll" bezeichnet die linke Seite und „Haben" die rechte Spalte eines Kontos. Dabei bedeutet „Soll" nicht immer das, was da sein sollte, und „Haben" nicht nur das, was man hat.

Die Eintragungen im *Soll oder Haben* ermöglichen, Buchungen ohne Plus- und Minuszeichen vorzunehmen und dennoch sicherzustellen, dass die Summe der Buchungen im Soll und im Haben gleich sind[145]. Mit anderen Worten: wenn alles gut geht, heben sich die gebuchten Beträge gegenseitig auf, so dass man sie eigentlich nicht bräuchte. Da es aber nicht immer gut geht, bleibt der vorsichtige Kaufmann bei der doppelten Buchhaltung. Das mag wenig rationell erscheinen, dient aber der Sicherheit. Buch- und Bilanzfälscher haben auf jeden Fall doppelte Arbeit.

Um schwierige Buchungsvorgänge eindrucksvoll vorführen zu können, bedienen sich didaktisch veranlagte Buchexperten in Praxis und Lehre der sog. *T-Konten*. Sie bestehen aus einem schlichten großen T, also aus der Großschreibung des Buchstaben „t" in Konto. Bei Eintragungen links vom senkrechten T-Strich murmelt man leise, aber vernehmlich „per" und bei Eintragungen auf der anderen Seite „an". Der buchhalterische Perfektionist achtet darauf, dass sich die „Per"- und „An"-Beträge auf den diversen T-Konten in Summe ausgleichen[146].

Der unterscheidungsfreudige Buchhalter differenziert zwischen *Bestands- und Bewegungskonten*. Die Bestände an Vermögensgegenständen, Schulden und Eigenmittel werden auf Bestandskonten und deren mengen- und wertmäßigen Veränderungen und andere Aufwendungen und Erträge (= Bewegungen) auf Bewegungskonten vermerkt. Der Wirtschaftsprüfer merkt sich: Bestandskonten berühren die Bilanz, Bewegungskonten die Gewinn- und Ver-

145 Zur Problematik und praktischen Lösungsansätzen siehe *Müller-Stedingen*, Vorzeichen als Anzeichen einer absichtlichen Verrechnung, Leipzig 1993.

146 *Niederschlag*, Pedanterie als Prinzip. Freiburg 1971.

lustrechnung; beide Kontenarten berühren ihn, wenn er die Werte des Jahresabschlusses in den Büchern wiederfinden will.

Damit die Konten zusammengehalten werden, wurde der *Kontenrahmen* geschaffen. Konten, die aus dem Kontenrahmen fallen, sind verdächtig und werden der besonderen Aufmerksamkeit des Abschlussprüfers empfohlen. Hier können Fehler oder Fälschungen verborgen sein, die er tunlichst bemerken sollte. Es könnte sich sogar um schwarze Konten handeln.

Um die Irritierung zu erleichtern, gibt es verschiedene *Kontenklassen*. Ihre Gliederung ist so angelegt, dass einige von ihnen möglichst direkt auf die Posten des Jahresabschlusses führen. Der Abschlussprüfer hat festzustellen, ob sie dieses Klassenziel erreichen. Die dazu notwendigen ekligen Additionen, aufreibenden Saldierungen und komplizierten Summenabgleiche gelingen nicht immer auf Anhieb. Das allein wäre schon Erklärung genug für die vom Mandanten meist unterschätzte Dauer einer Abschlussprüfung. Vom Mandanten präparierte Saldenlisten sind hilfreich, besser sind elektronische Prüfprogramme.

Eine ebenfalls gern erwähnte Kontenart ist das *Kontokorrent*. Linguistische Talente erkennen sofort, dass dies „laufende Rechnung" bedeutet. Auf diesem Konto werden in der Tat die gegenseitigen Ansprüche und Verpflichtungen aus geläufigen Geschäftsverbindungen laufend verrechnet. Zur Entlastung der Buchhalter wurde als eintraglose Kontokorrentbuchhaltung die Offene-Posten-Buchführung erfunden. Die systematische Ablage von offenen und bezahlten Rechnungen soll die Auslosung fälliger Rechnungen für die Zahlungen erleichtern. Die Bezeichnung „Offene Posten Buchhaltung" kommt daher, dass offen ist, ob alle Posten erfasst wurden, und noch offener ist, ob sie bezahlt werden.

d) Das Belegwesen[147]

Um den Buchungseifer der Buchhalter in Grenzen zu halten, darf keine Buchung ohne Beleg erfolgen oder wie das Steuerrecht noch strenger postuliert: Kein Abzug ohne Beleg. Die kaufmännische Buchführung wird daher vom *Belegprinzip* beherrscht. Der Beleg ist die materielle Voraussetzung für die zugegebenermaßen umständliche Verarbeitung der Geschäftsvorfälle in

147 Grundlegend *Schmaltz-Bemme*, Das Belegwesen in der Sandwichfabrik, Berlin 1989.

der Buchhaltung. Allen Unternehmensangehörigen ist daher aufgegeben, an der Gewinnung von Belegen mitzuwirken.

Da an Form und Inhalt der *Belege*, namentlich von den Finanzbehörden, zunehmend hohe Anforderungen gestellt werden, ist der im Belegwesen ausgebildete Beleger zu einem wichtigen Beruf geworden. Immer wieder aufgedeckte Belegmängel beweisen, dass es zu wenig diplomierte Beleger gibt und dass im Belegwesen ein großes Beschäftigungspotenzial verborgen ist.

Man denke nur daran, dass die Ausstellung von Bewirtungsbelegen, die ohnehin nur zu 80% , einschließlich Umsatzsteuer, zum steuerlichen Abzug berechtigen, mehr Zeit beansprucht als die Zubereitung und der Verzehr der abzurechnenden Speisen und Getränke. Hier haben pfiffige Beleger EDV-Programme entwickelt, die bei Eingabe der Personenzahl für jeden gewünschten Endbetrag das zutreffende Menü nebst Getränken und Trinkgeld ausdrucken. Mit einem Sonderprogramm können sogar steuerlich unverfängliche Gäste auf den Belegen vermerkt werden.

3. Inventur und Inventar

Damit Buchführung und Realität nicht total auseinanderlaufen, muss der Kaufmann einmal jährlich *Inventur* machen. Für den Laien bedeutet Inventur die Enttäuschung oder den Ärger, dass sein Kaufmann den Laden geschlossen hält. Er ahnt ja nicht, dass die Inventur dem Kaufmann vorgeschrieben ist, damit in seiner Bilanz nur das erscheint, was da ist. Denn wie und wo immer die Dinge liegen, der Kaufmann muss durch mühsames Zählen, Messen und Wiegen, manchmal auch durch bequeme Bucheinsicht, seine Vermögens- und Schuldbestände zum Bilanzstichtag möglichst körperlich aufnehmen bzw. aufnehmen lassen[148].

Für Inventurarbeiten sind nur Mitarbeiter geeignet, die weiter als bis drei zählen, einen Zustand beschreiben oder einen vorgeschriebenen Zustand erkennen und aufschreiben können. Die aufgenommenen Bestände sind nach Menge, Art und Zustand in einem Bestandsverzeichnis oder *Inventar* zu erfassen[149]. Wenn sich die Menge nicht feststellen lässt, genügt die Angabe der Quantität.

Das Bestandsverzeichnis bildet das Fundament für das Bilanzgebäude. Es bezeugt die Daseinsberechtigung der Bilanzposten, von der sich der Abschlussprüfer überzeugen muss. Daher gehört es zum guten Ton, dass der Abschlussprüfer der Daseinsfeststellung beiwohnt.

Wegen der leiblichen Anwesenheit des Abschlussprüfers nennt man diese Inaugenscheinnahme auch *körperliche Inventur*. Der Abschlussprüfer hat in dieser Zeit ohnehin nichts Besseres zu tun, weil die für ihn maßgeblichen Auskunftspersonen ausgerechnet die erwähnten Inventurfachleute sind. Auf der anderen Seite lässt sich die Inaugenscheinnahme durch den Abschlussprüfer honorarmäßig ausnutzen.

Um eine Überhitzung der Inventur zu vermeiden, lässt der Gesetzgeber neben der Inventur zum Bilanzstichtag (Stichtagsinventur) andere *Inventurverfahren* zu. Die größte Dynamik entfaltet die permanente Inventur, denn sie bedeutet laufende Bestandsverfolgung während des ganzen Geschäftsjahres. Da die meisten Unternehmen ihren Jahresabschluss zum Ende des Kalender-

---

148 *Missfelder*, Das Körperliche als das einzig Fassbare, München 1987.

149 *Von Carolsfeld*, Die handwerkliche Kunst der Inventarsien und ihre Blütezeiten, Bamberg 1996.

jahres aufstellen und die Sylvesterfeiern nicht unangemessen gestört werden sollen, darf die Inventur unter akzeptablen Umständen auch vor- oder nachverlegt werden. Um die Nadel im Heuhaufen aufzunehmen, genügt eine Stichprobeninventur.

V. Die Rechnungslegung der Unternehmen und Konzerne

Die alljährliche zufallsbedingte Darstellung der Vermögens-, Finanz- und Ertragslage eines Unternehmens oder Konzerns in Form der Bilanz und der Gewinn- und Verlustrechnung sowie ggf. des Anhangs und des Lageberichts nennt man Rechnungslegung. Sie ist der eigentliche *Zweck der Unternehmung*. Die Prüfung der Rechnungslegung der Unternehmen bildet die typenprägende Tätigkeit des Wirtschaftsprüfers (siehe Kapitel VI).

Jeder Kaufmann muss zum Ende seines Geschäftsjahres Rechnung legen, börsennotierte Unternehmen dürfen sogar quartalsweise davon nicht lassen. Soweit die Unternehmen und ihre Angehörigen nicht mit der Rechungslegung beschäftigt sind, produzieren, verwalten und verkaufen sie irgendwelche Produkte oder Dienstleistungen. Sie sollten aber immer daran denken, dass sie darüber Rechnung zu legen haben.

1. Bilanzmanagement

a) Begriff

Die Rechnungslegung lässt sich in Aufstellung, Prüfung, Feststellung und Offenlegung des Jahres- bzw. auch des Konzernabschlusses und des Lage- bzw. Konzernlageberichtes zerlegen. Jeder hierarchisch hochstehenden Person wird ein Stück Rechnungslegung zugeteilt, die es meist an geringer bezahlte Mitarbeiter delegiert. Formal *zuständig* sind

- für die Aufstellung des Jahresabschlusses und Lageberichts der Kaufmann oder die Geschäftsführung,
- für die Aufstellung des Konzernabschlusses und Konzernlageberichts die Geschäftsführung des Mutterunternehmens,
- für die Prüfung der Abschlussprüfer und der Aufsichtsrat,
- für die Feststellung des Jahresabschlusses Vorstand und Aufsichtsrat oder die Eigentümer und
- für die Offenlegung die Geschäftsführung.

Diese *Arbeitsteilung* wird immer dann vergessen, wenn bei der Rechnungslegung etwas schief gegangen ist, oder wenn das, was schief gegangen ist, in der Rechnungslegung keinen erkennbaren Niederschlag gefunden hat. In diesen Fällen will es keiner gewesen sein. Wie heutzutage jede Art von Entertainment muss auch die Rechnungslegung gemanagt werden. Man spricht verkürzt vom Bilanzmanagement und meint damit die topmanagement-adaequate Gestaltung von Jahres- und Konzernabschluss unter Einschluss der Lageberichte.

Professionelles Bilanzmanagement zielt auf die Rechnungslegung von Spitzenleistungen, die den Spitzenkräften des Unternehmens als Verdienst angerechnet werden. Das professionelle Bilanzmanagement wird nur von exzellenten Topmanagern beherrscht. Es ist das wichtigste Instrument der image- und tantiemeorientierten Führung des Unternehmens und stellt hohe Anforderungen an den Einfaltsreichtum der Bilanzexperten.

b) Phasen

Jeder Fachmann weiß, dass Bilanzergebnisse Zufälle sind und sich daher nicht vorhersagen lassen. Dennoch werden sie von professionellen Bilanzmanagern immer wieder prognostiziert. Infolge dessen läuft das Bilanzmanagement in folgenden *Phasen der Rechnungslegung* ab.

1. Präjudiz des Jahresergebnisses durch den Vorstandsvorsitzenden
2. Aufstellung des Jahresabschlusses durch das Rechnungswesen
3. Verwirrung des Vorstandes
4. Suche nach bilanzpolitischen Korrekturmöglichkeiten
5. Frustration des Rechnungswesens
6. Begeisterung des Vorstandsvorsitzenden
7. Resignation des Abschlussprüfers
8. Auszeichnung des Vorstandes durch den Aufsichtsrat
9. Beruhigung der Kreditgeber
10. Enttäuschung der Aktionäre.

Angesichts der magischen Anziehungskraft, die der Shareholder Value auf Ignoranten des Bilanzrechts ausübt, muss sich der Abschlussprüfer auf verschärfende Ausprägungen des professionellen Bilanzmanagements einstellen. Er muss die schwachen Signale bilanzpolitischer Maßnahmen rechtzeitig erkennen, um seine Berufshaftpflicht kalkulieren zu können. Gewagte Prognosen der Unternehmensleitung über Umsatzwachstum und künftige Gewinne, die häufige Erwähnung stiller Reserven oder erheblicher Synergiepotenziale oder abrupt eingesetztes Factoring können als Frühwarnindikatoren gedeutet werden. Der Abschlussprüfer sollte auch gewahrschaut sein, wenn die Aufwendungen für Investors Relations deutlich die Aufwendungen für Produktentwicklung und -werbung übersteigen.

2. Das Bilanzrecht

Die heimischen Rechnungsleger, also Kaufleute, Wirtschaftsprüfer und Autodidakten der Rechnungslegung wie Hochschullehrer oder Finanzrichter sind stolz auf das in Deutschland schon seit langer Zeit kodifizierte Bilanzrecht und seine ehern formulierten Prinzipien[150]. Auf ihre Mehrdeutigkeit kann man sich seit vielen Jahren verlassen. Die Wirtschaftsprüfer gehören zu den wenigen Fachleuten, die sich mit Hilfe von umfangreichen Kommentaren darin zurechtfinden, auch wenn sie sich oft darin verloren vorkommen.

Das *deutsche Bilanzrecht* ist im 3. Buch des Handelsgesetzbuch (HGB) kodifiziert und verdankt seine schwer handhabbare Ausprägung vor allem den EG-Bilanzrichtlinien[151]. Die zahlreichen Wahlrechte, die den besonderen Charme der beiden Normengefüge ausmachen, können externe Bilanzleser zur Verzweiflung bringen. Sie sollten dann an ihren guten Zweck denken.

Das deutsche Bilanzrecht will vor allem die Gläubiger schützen, also jene Leute, die über den Kaufmann herfallen, wenn seine Zahlungen ausfallen. Es soll auch verhindern, dass nicht realisierte Gewinne versteuert und ausgeschüttet werden und dient somit der nominalen Kapitalerhaltung. Haftungsbeschränkungen der Unternehmenseigentümer haben besondere Offenlegungspflichten zur unangenehmen Folge.

In der internationalen, d.h. angloamerikanisch dominierten Rechnungslegung wird das Informationsinteresse der Investoren vorgeschützt, um bisher geheiligte Bilanzierungsgrundsätze über Bord zu werfen. Selbst die einschlägigen *EU-Bilanzrichtlinien*[152], die an den guten alten Prinzipien noch festhalten, werden von den betroffenen Kreisen in Angelsachsen nicht ernst genommen. Hier weicht man auf eigenständige Standards der Rechnungslegung aus, die nicht nur pragmatisch, d.h. hinreichend flexibel und unübersichtlich angelegt sind, sondern wegen der weltweiten Hochachtung solcher Grundsätze von der Europäischen Kommission übersehen werden.

Der wichtigste Teil der für die Mitgliedsstaaten verbindlichen EU-Bilanzrichtlinien sind nach allem Anschein, den die Europäische Kommission nachdrücklich erweckt, die Gliederungsvorschriften für die Bilanz und die Ge-

150 Zur geschichtlichen Entwicklung siehe Kapitel VI, 1.
151 78/660/EWG, 83/349/EWG und 90/605/EWG.
152 78/660/EWG; 83/349/EWG; 90/605 EWG.

winn- und Verlustrechnung. Gliederungsschemata gelten in konservativen Bilanzkreisen als Minimum an Aufrichtigkeit in der Bilanz und der G+V. Es darf nur teilweise auf den Anhang verlagert werden. Ohne Gliederung könnten Finanzanalysten nicht genug Kennzahlen bilden[153].

Die Strenge der Rechnungslegungsvorschriften trifft die Unternehmen mit unterschiedlicher Härte. Einzelkaufleute und Personenhandelsgesellschaften, die keine großen Unternehmen oder Kapitalgesellschaften & Co. sind, werden vom Gesetzgeber recht zahm behandelt. Kleinen und mittelgroßen Kapitalgesellschaften werden ebenfalls gewisse Erleichterungen bei der Rechnungslegung gewährt.

Die volle Wucht der Rechnungslegungsvorschriften trifft die großen Kapitalgesellschaften sowie die großen Personengesellschaften, bei denen keine natürliche Person haftet. Börsennotierte Unternehmen werden mit zusätzlichen Anforderungen bestraft. Diese Unternehmen verraten sich dadurch, dass ihr Vorstand so tut, als gehöre die Gesellschaft ihm, und deren Aufsichtsräte meinen, Aktienoptionen für das Management dienen der Steigerung des Shareholder Value[154].

Eine unangenehme Auffälligkeit des deutschen Bilanzrechts ist der dubiose Einfluss des Steuerrechts und der steuerrechtlichen Rechtsprechung. Er hat seine Ursache in dem sog. *Maßgeblichkeitsprinzip*. Zur Beseitigung etwaiger Klarheiten gilt das Prinzip in zwei Richtungen. Es gibt sowohl die Maßgeblichkeit der Handelsbilanz für die Steuerbilanz wie auch die (umgekehrte) Maßgeblichkeit der Steuerbilanz für die Handelsbilanz.

Entlarvend für die herrschende Auslegung des Maßgeblichkeitsprinzips ist, dass zur Interpretation des handelsrechtlichen Bilanzrechts überwiegend steuerrechtliche Rechtsprechung vorliegt. Dieser Zustand entspricht einer Gleichung mit zwei Unbekannten, die nicht aufgeht, sondern nur durch Pröbeln einer unbefriedigenden Lösung nahe gebracht werden kann. Siehe dazu auch Kapitel VIII, 2b.

---

153 Selbst die neuronalen Netze moderner Bilanzanalyse und -prognosen versagen bei fexibel handhabbaren Gliederungsvorschriften. Vgl. *Hardfeller*, Raten mit Bilanzrating, Münster 1999.

154 Die Intensität, mit der dieser Begriff in der Praxis verwendet wird, steht im umgekehrten Verhältnis zu seinem Verständnis. Für tiefer schürfende Topleute: Grundlegend *Seichtmann*, Das SV-Konzept in der Praxis, Frankfurt 1997; weiterführend *Hofmeister*, Der Wert des lästigen Aktionärs vor einem IPO, in *Hocker/Schürzer*, Der verkannte Shareholder Value, 2. Auflage, München 1998, S. 3112.

Das deutsche Bilanzrecht ist dreidimensional zu begreifen. Seine *Breite* ergibt sich aus den umfangreichen gesetzlichen Regelungen und ihren zahlreichen Wahlrechten, ferner aus der nicht vorhersehbaren, hauptsächlich steuerlichen Rechtsprechung, den mehrdeutigen Kommentaren und den einseitigen Richtlinien und Erlassen der staatlichen Finanzverwaltung. Die *Tiefe* beruht auf der komplexen Bilanzpolitik der Rechnungsleger, auf der ungeheuren Flexibilität und Nachgiebigkeit der Abschlussprüfer und den vorgefassten Meinungen der Nutzer, wie Finanzanalysten, Hochschullehrer und kritische Aktionäre. Die *Höhe* sind der ständige, aber oft abrupte Wandel von Gesetzgebung und Rechtsprechung sowie mangelhafte Offenlegung. Als neue Dimension ist in jüngster Zeit die Bedrohung durch internationale Rechnungslegungsgepflogenheiten hinzu gekommen.

3. Trends moderner Rechnungslegung

a) Die Aufweichung der Rechnungslegung

In den ersten fünfhundert Jahren nach Entwicklung der doppelten Buchführung wurde die Rechnungslegung von halbwegs eindeutigen Regeln beherrscht, so dass Bilanzwahrheit und Bilanzfälschung klare Bezugspunkte hatten. Es ist auffallend, dass sich diese *starre Form der Rechnungslegung* vor allem in Ländern mit überwiegend römisch-katholischer Bevölkerung bis heute weitgehend gehalten hat. In Deutschland wird sie heute noch wie das Reinheitsgebot beim Bier vehement verteidigt. Sie wird sich aber wie dieses weder in der Europäischen Union, noch international durchsetzen lassen.

Demgegenüber entwickelte sich in Ländern, deren Bevölkerung stärker zu Spleenigkeit und Sektierertum neigt, in den letzten Jahrzehnten die *weiche Form* der Rechnungslegung, die sich jeder Meinung bilanzieller Trendsetter sofort anpasst. In einer Zeit allgemeinen Werteverfalls und gesteigerter Modesucht konnte sich diese, auch angloamerikanisch genannte Form der Rechnungslegung international behaupten[155]. Sie hat inzwischen sogar das tibetanische Hochland erreicht[156].

Der Zug der zeitgemäßen Rechnungslegung ist auch in Deutschland bereits in Richtung angloamerikanischer Auffassung und Grundsätze abgefahren. Es ist nur eine Frage der Zeit und der unzuverlässigen Erwartungshaltung der Investoren, wann die deutsche Rechnungslegung voll in dem als international betrachteten Normengefüge untergegangen sein wird. Die europäische Kommission will sich 2005 beherzt in die Umarmung der International Accounting Standards werfen[157]. Die Befürchtung, dass damit die bisher misslungene Harmonisierung der Rechnungslegung erreicht wird, dürfte dennoch übertrieben sein.

155 *Lichtenberg* (Die Nachwirkung der Kolonialmacht, Hamburg 1997, S. 279 ff) führt diesen Erfolg vor allem auf den Einfluss Großbritannien in den Commonwealth-Ländern zurück. Vgl. auch *Birnbaum*, Das missionarische Empire, München 2000.

156 *Messner*, Bezwungene Gipfel auf dem Dach der Welt, Innsbruck 1998, S. 188 ff.

157 *Prallweiser*, IAS als Konvergenzplattform der Rechnungslegung in Europa und Umgebung, Berlin 1999.

b) International verbreitete Grundsätze

Hauptkennzeichen der international dominierenden Rechnungslegung ist, dass anstelle gesetzlicher Regelungen eine unübersichtliche Vielfalt von Standards tritt, die von sog. Standardsettern entwickelt und verkündet werden. Standards sind Muster, aber nicht im Sinne von Vorbild, sondern von Einheitlichkeit. Sie werden in Zukunft die übliche Verwirrung der Rechnungslegung garantieren[158].

Das *dominierende Prinzip* der angloamerikanischen Rechnungslegung ist die „Fair Presentation" oder das „True and Fair View"-Konzept. Beide Konzepte konnten zwar noch nicht allgemeinverständlich erklärt werden, doch ändert das nichts an ihrer Beliebtheit. Rechnungslegern, die nicht Englisch oder Amerikanisch als Muttersprache haben, fällt das Verständnis des Kernprinzips schwer.

„True and Fair View" darf nicht wörtlich verstanden, sondern muss wie die beiläufig klingende Meinungsäußerung eines englischen Gentlemans empfunden werden. „True and Fair" meint auch nicht zwei gleichzeitig vorliegende Eigenschaften. Die Begriffe drücken vielmehr ein Abwägen aus, und zwar dergestalt, dass Wahrheit und Angemessenheit nicht total ausgeschlossen werden können.

Die Verfechter des True and Fair View verteidigen dieses Konzept mit schlagkräftigen Argumenten wie das Folgende: Wenn 5 + 5 = 10 ist, muss die Gleichung 8 + 2 = 10 mathematisch nicht falsch sein. Für die Rechnungslegung kommt es darauf an, ob die 10 zuverlässig ermittelt wurde (reliability) und ob sie entscheidungsrelevant (relevance) ist.

„Fair Presentation" scheint einseitiger interpretierbar zu sein, weil das „True" fehlt. Der Begriff „Presentation" deutet mehr auf Show und äußere Form, die fairer Weise durch den Grundsatz der Materialität so weit wie passend relativiert wird. Dieser Grundsatz bedeutet zweierlei: Nur die wesentlichen Dinge sind darzustellen (relevance). Dabei ist anständiges Material zu verwenden (realibility)[159].

---

158 *Nörgel*, Von der antiautoritären Kindererziehung zur weichen Form der Rechnungslegung, Hamburg 1998.

159 *Tickmaker*, Interpretation der US-GAAP im Zwielicht ihrer internationalen Akzeptanz, Berlin 2000.

„True and Fair View" bzw. „Fair Presentation" gilt als „Overriding Principle", d.h. sie „überfährt" alle anderen Überlegungen. Ihr großer Nutzen besteht darin, die ideale Grundlage für Regressansprüche jeglicher Art gegen den Abschlussprüfer zu bilden. Man kann sie als Tribut der Accountants an die Lawyer bezeichnen.

So sah sich z.B. Abschlussprüfer Anthony C. (CPA) mit einer Alimentenklage konfrontiert, die aus dem von ihm geprüften Konzernabschluss einer Mutter abgeleitet wurde, weil dort ihre Tochter nicht fair präsentiert worden war. Anthony C. konnte die Klage erst in der Berufungsinstanz dadurch erfolgreich abwehren, dass er seine zeitgleich mit dem Berufsexamen erfolgte Sterilisation nachweisen konnte.

c) Standardsetzung

Als *deutscher Standardsetter* hat sich auf der Grundlage des § 342 HGB inzwischen der Deutsche Standardierungsrat (DSR)[160] des Deutsche Rechnungslegungs-Standards Commitee (DSRC) etabliert. Dieses vom Bundesjustizministerium anerkannte private Rechnungslegungsremium besteht aus sieben Bilanzmagiern, die als Bilanzaufsteller, -prüfer oder -nutzer die Zauberkünste der internationalen Rechnungslegungsgrundsätze gelernt und lange genug praktiziert haben, so dass ihnen in ihrem Standardisierungsnoviziat nicht besseres eingefallen ist, als ihre Arbeit aufzunehmen.

Da die Mitglieder des DSR anderen sagen können, was für die Konzernrechnungslegung richtig und wichtig ist, ohne es selbst tun zu müssen, gelten sie als sachverständig und neutral. Sie betreiben munter, aber ähnlich umständlich wie der Golfsport den Spaziergang, die Standardisierung der Rechnungslegung. Ihr Handicap besteht darin, dass sie dabei nicht nur an das HGB und die EU-Richtlinien gebunden sind, sondern ihre Standards an die International Accounting Standards (IAS) oder die US-amerikanischen Generally Accepted Accounting Principles (US-GAAP) so eng anlehnen sollen, dass hier keine praktisch relevanten Unterschiede zu den genannten Normen zu erkennen sind.

160 Die englische Bezeichnung „German Accounting Standards Board (GASB)" klingt viel attraktiver und vermeidet starke Assoziationen mit der Normensetzung für die Euro-Gurke und ähnliche Gewächse.

Noch ist nicht abzusehen, ob diese *Standardisierungsgrätsche* ohne Verletzungen gelingt. Den Standardisierungsräten werden betriebswirtschaftlich vernünftige und die Informationsfunktion des Konzernabschlusses verbessernde eigene Vorstellungen mit dem Argument streitig gemacht, ein DRS könne nicht mehr oder anderes fordern als die ohnedies schon überzogenen Regeln des HGB, der EU-Richtlinien, der IAS oder der US-GAAP vorsehen. Die deutschen Rechnungslegungsstandards sollten gegenüber dem HGB nicht ein Weniger und im Vergleich zu den internationalen Grundsätzen weniger ein Mehr bedeuten.

Gegenstand der Standardisierung sind spezielle Bilanzierungs- und Bewertungsthemen, die bisher niemand interessierten und die keinem Investor aufgefallen sind, weil der zugrundeliegende Sachverhalt schwer zu durchschauen und beliebig interpretierbar ist. Seine bisher gedanken- und reibungslose Bilanzierung soll durch die Standardisierung so ausführlich und irritierend wie unvorstellbar, auf jeden Fall aber ohne Wahlrechte, geregelt werden. Man nennt das High-Quality-Accounting.

Damit die Rechnungslegungsstandards als solche anerkannt werden, müssen sie in einem umständlichen Verfahren, „Due Process" genannt, entwikkelt, diskutiert und verabschiedet werden. Auch die deutschen Rechnungslegungsstandards unterliegen dieser international üblichen Tortur. Die Produktion der Standards läuft dementsprechend – in dramatisch verkürzter Darstellung – wie folgt ab:

Für die aufgegriffene Thematik setzt der DSR eine hochkarätige Arbeitsgruppe ein, die alle denkbaren Rechnungslegungsprobleme aufdecken und für sie sowie für alle undenkbaren Fälle Lösungsvorschläge erarbeiten soll. Um es der Arbeitsgruppe nicht zu einfach zu machen, wird vom DSR häufig ein sogenanntes Point Outline vorgegeben, das bedenkenswerte Punkte vorgibt oder ihre Vernachlässigung befürwortet. Aus dieser kaum durchschaubaren Gemengelage entsteht der Entwurf eines *Standardentwurfs*.

Wenn sich die Arbeitsgruppe zu einem Entwurf des Standardentwurfs durchgerungen hat, wird er dem DSR unterbreitet und dort ausgiebig diskutiert. Auch wenn ein Teil der Standardisierungsräte den Vorschlag auf Anhieb verstanden hat, wird der Entwurf mit der Bitte um weitere Aufklärung und Änderungen an die Arbeitsgruppe zurückgegeben.

Dieser Vorgang wird so oft wiederholt, bis die zunehmende Frustration der Arbeitsgruppe in Hass umzuschlagen droht. Dann wird der Entwurf vom Standardsetter unter nochmaliger Verschärfung der Praxisferne verabschiedet und mit der Aufforderung an die interessierte Öffentlichkeit um *Stellungnahme* veröffentlicht.

Die Reaktion der Betroffenen ist unterschiedlich, aber stets von eigenem Interesse geprägt. Die *Bilanzaufsteller*, die sich mit der praktischen Handhabung herumschlagen müssen, wollen möglichst wenige Standards und allenfalls solche, die viele Wahlrechte einräumen. Nur so kann ihrer Meinung nach der Vielfalt der Gegebenheiten und dem Gesichtspunkt der Wirtschaftlichkeit Rechnung getragen werden. Die Standards dürfen keinen zusätzlichen Aufwand und nicht zu viel Informationen an Außenstehende bedeuten. Im Interesse des Fortschritts sind sie im übrigen für jede Neuerung offen, wenn sich dadurch nichts ändert.

Die *Prüfer*, die möglichst wenig Ärger mit ihrem Mandanten haben wollen, wünschen eindeutige Standards mit wenigen Wahlrechten, um widerspenstigen Bilanzaufstellern das Fürchten lehren zu können. Allerdings sind sie ihres Mutes nicht so ganz sicher und daher gewissen Wahlrechten für den Ernstfall nicht abgeneigt. Panische Angst haben sie davor, dass ihrer besseren Erkenntnis formale Regeln entgegengehalten werden.

Nur die *Nutzer* glauben an den Nutzen strenger Rechnungslegungsstandards, die dem Bilanzaufsteller keine Wahl lassen. Verschärft fordern das alle Bilanzfachleute, die noch nie einen Jahres- oder Konzernabschluss aufgestellt haben. Sie wollen nicht nur mehr Informationen und Eindeutigkeiten als der Bilanzaufsteller geben will, sondern auch solche, die jener vernünftiger Weise nicht geben kann.

Je heftiger dem Entwurf in den diversen Stellungnahmen widersprochen wird, umso stärker ist der Standardsetter von der Notwendigkeit des Standards überzeugt. Er wird die Einwendungen gegen den Standardentwurf nach intensiver Beratung in der Regel als unerheblich einstufen, damit der Entwurf zügig als endgültiger Standard verabschiedet und veröffentlicht werden kann.

Mit der Veröffentlichung durch das Bundesjustizministerium erhält der Rechnungslegungsstandard des DSR das Gütesiegel, dass seine Anwendung vermutlich den Grundsätzen ordnungsmäßiger Konzernrechnungslegung entspricht. Noch ist die Rechnungslegungslage in Deutschland relativ entspannt, weil es bisher nur wenige Deutsche Rechnungslegungsstandards gibt und die Veröffentlichung durch das Bundesjustizministeriums genügend Zeit beansprucht, um eine situationsgerechte Interpretation der Standards vor ihrer ersten Anwendung zu finden.

Außerdem warten die Beteiligten gespannt darauf, wie die Standards in der rückständigen Rechnungslegungspraxis in Deutschland durchgesetzt werden. Die durchsetzungsschwachen Wirtschaftsprüfer sind wieder einmal nur auf sich gestellt. Selbst das sonst proaktive Institut der Wirtschaftsprüfer hält sich (noch) mit eindeutigen Empfehlungen zurück. Es wird wohl noch zwei bis drei weiterer spektakulärer Unternehmenszusammenbrüchen bedürfen bis eine geeignete Institution zur Normendurchsetzung geschaffen wird. Anwärter gibt es sicher. Vorbilder sind die Securities and Exchange Commission (SEC) in den USA oder das Financial Reporting Review Panel (FRRP) in Großbritannien[161].

d) Fair Value oder Farewell View

Der aktuelle Trend der internationalen Avantgarde der Rechnungsleger zielt in breiter Front auf den Fair Value. Treter dieser Entwicklung ist die sog. G4+1-Gruppe[162]. Nach einem Vorschlag der sogenannten Joint Working Group, in der sich die G4+1-Gruppe als Feigenblätter Vertreter aus Frankreich, Deutschland und Japan angehängt hat, sollen im ersten Schritt alle Finanzinstrumente in der Bilanz mit dem Fair Value oder Zeitwert angesetzt werden.

Das betrifft nicht nur den Kassenbestand und Finanzinstrumente, für die ein liquider Markt existiert, sondern auch alle anderen Nominalgüter, insbesondere Forderungen, aber auch eigene Aktien u.ä., sowie alle Schulden. Forderungen und Verbindlichkeiten sind entsprechend ihrer Laufzeit auf den Bilanzstichtag abzuzinsen. Die Veränderungen der Zeitwerte sollen ergebniswirksam in der Gewinn- und Verlustrechnung ausgewiesen werden.

---

161 Siehe zu Einzelheiten *Böckem*, Die Durchsetzung der Rechnungslegungsstandards in Deutschland, DB 2000, S. 1185 ff.

162 Mitglieder sind Großbritannien, Kanada, Neuseeland und Australien sowie die USA.

Der Hinweis von kleingeistigen Anhängern einer zuverlässigen und wirtschaftlich vertretbaren Bewertung, dass bei nicht vorhandenen Märkten die Feststellung des Zeitwertes große Schwierigkeiten bereiten könnte, glaubt die Joint Working Group dadurch ad absurdum führen zu können, dass in ihrem Vorschlag alle theoretisch denkbaren, wenn auch praktisch selten konkretisierbaren Faktoren genannt werden, die zur Zeitwertberechnung herangezogen werden können. Hiermit dürfte eine neue Konjunktur für Bewertungsgutachten und -streitigkeiten ausgelöst werden. Sie wird auch die angebotene Generallösung nicht bremsen, die auf den künftigen Cashflow der zu bewertenden Instrumente abstellt, dem sich der Berufsstand bereits bei der Unternehmensbewertung vorsichtig genähert hat[163].

Neben den Finanzinstrumenten sollen bald auch andere Vermögenswerte von der Fair Value-Bewertung befallen werden, z.B. nicht betrieblich genutzte Grundstücke des Unternehmens oder immaterielle Vermögenswerte. In letzter Konsequenz wird dann das bilanzielle Eigenkapital mit dem Unternehmenswert [164]angesetzt.

Damit verabschiedet man sich vom Anschaffungswertprinzip. Diese Tatsache verdeutlicht, dass es den Protagonisten nicht um einen aussagefähigen, sondern um einen pseudoaktuellen Wertansatz geht. Die Bezeichnung „Fair Value“ beruht auf einem phonetischen Missverständnis. Richtig buchstabiert meint man in Wirklichkeit die „Farewell View“.

Völlig verzweifelte Rechnungsleger können sich damit trösten, dass der Zeitwert von heute schon morgen nicht mehr stimmen wird. Bei der großen Volatilität, die Zeitwerte häufig ausweisen, werden vernünftige Aussagen über die Ergebnisentwicklung des Unternehmens vermieden. Das kann insbesondere dann von Nutzen sein, wenn das operative Ergebnis unbefriedigend, aber im Vergleich zu den Zeitwertveränderungen von völlig untergeordneter Bedeutung ist.

163 WP-Handbuch 1998, Bd. 2, A 288 ff.; IDW Standard: Grundsätze zur Durchführung von Unternehmensbewertungen (IDW S 1) WPg 2000, S. 825 ff.

164 Siehe dazu Kapitel IX.

VI. Die Abschlussprüfung

Die klassische Abschlussprüfung[165] ist die klassische Tätigkeit des Wirtschaftsprüfers. Sie ist ihm bei großen Kapitalgesellschaften von Gesetzes wegen allein vorbehalten. Damit ist der Wirtschaftsprüfer in Deutschland neidvoll als „Auditor Classicus“[166] anerkannt. Seine ungemein schwierige Aufgabe besteht darin, den Jahres- oder Konzernabschluss so schlecht zu beurteilen wie er tatsächlich ist.

1. Die geschichtliche Entwicklung

a) Begriffliches[167]

Um bei der Beurteilung der klassischen Abschlussprüfung jegliches Vorurteil auszuschalten, wird in diesem Kapitel an kritischen Stellen nicht vom „Abschlussprüfer“, sondern vom „*Testator*“[168] gesprochen.

Im Wörterbuch[169] findet man „Testator“ mit „Erb-lasser“ übersetzt, was auf erfolgreiche Wirtschaftsprüfer zutreffen mag, die ihre allerletzte Abschlussprüfung hinter sich gebracht haben. Den aktiv tätigen Berufsangehörigen dürfte eine solche Interpretation wenig behagen.

In anderer Sprechweise wird mit Testator der „*Er-blasser*“ angesprochen. Das ist eine durchaus berufsnahe Übersetzung. Der Abschlussprüfer erblasst, wenn er mit der Bilanzpolitik des zu prüfenden Unternehmens konfrontiert wird, und testiert dann bleich, aber unerschrocken. Kleinaktionäre verbinden – wie repräsentative Befragungen ergeben haben – mit dem noch ungewohnten Begriff „Testator“ spontan den „allzeit bereiten Testaterteiler“[170].

165 Für den wenig eingeweihten Leser sei darauf hingewiesen, dass mit „klassischer Abschlussprüfung“ nicht das Examen am Ende einer langwierigen Ausbildung angesprochen ist; das Abitur und ähnliche Abschlussprüfung sind nicht gemeint.

166 In Anlehnung an den „Civis classicus“ im antiken Rom, wie man die Angehörigen der höchsten Vermögensklasse (classis prima) bezeichnete. Klassisch ist hier gemeint als „mustergültig, vorbildhaft“.

167 Siehe dazu grundlegend *Kanteisen*, Begriffe als tastende Versuche der Pragmatik, Bonn 1998, S. 12.

168 Dies wäre eine attraktive gesetzlich zu schützende Berufsbezeichnung für einen „graduierten Wirtschaftsprüfer“.

169 *Wahrig*, Deutsches Wörterbuch, 1980, Spalte 3699.

170 = ABT. Was für das Auto das ABS, ist für die Rechnungslegung der ABT (*Hoelle-Scheumann*, Durchsetzungsvermögen aussprechbarer Abkürzungen, Konstanz 1999, S. 134).

b) Die Entwicklungsgeschichte der Abschlussprüfung

Die rasante Entwicklung der Rechnungslegung dokumentiert sich augenfällig darin, dass die Halbwertzeiten der einschlägigen Vorschriften beschleunigt abnehmen. Mutationen des Abschlussprüfers konnten bei den zum Teil dramatischen Veränderungen der Rechnungslegungsgrundsätze nicht ausbleiben. Fachleute unterscheiden in Abhängigkeit von der Entwicklungsstufe den Testator I, II und III[171].

In der ersten Phase der modernen Rechnungslegung in Deutschland, die von 1931 bis 1964, also 33 Jahre dauerte, war der Abschlussprüfer vom Gläubigerschutz überfordert. Die beliebteste Stellung des Abschlussprüfers war die Rückstellung. Seine bevorzugte Lage war die stille Rücklage. Der *Testator I* war nur bei unzulänglichen stillen Reserven aus denselben zu locken. Dies erklärt den introvertierten Wesenszug, der viele Wirtschaftsprüfer nicht über den Kontenrahmen blicken lässt. Umso erstaunlicher war die Souveränität der Wirtschaftsprüfer bei der Prüfung der DM-Eröffnungsbilanzen zum 21.6.1948.

Mit dem *Aktiengesetz von 1965* wurde unter dem Vorwand stärker präzisierter Rechnungslegungsvorschriften zusätzlich der *Aktionärsschutz* propagiert. Seine schwachen Signale nahmen die Wirtschaftsprüfer allerdings nur literarisch zur Kenntnis[172]. Als Abschlussprüfer verharrten sie im Testator-I-Zustand. Sie hielten den Aktionärsschutz für eine reine Vorstandsangelegenheit, um die sich selbst der Aufsichtsrat wenig kümmerte. In diesem Vakuum haben die Vorstände der börsennotierten Aktiengesellschaften Ende der 80er Jahre schließlich den Shareholder Value[173] entdeckt, von dem sie bis heute meinen, es handelt sich um den Wert des Aktionärs, der um so höher zu veranschlagen ist, je zurückhaltender der Aktionär gegenüber der Verwaltung der AG auftritt[174].

20 Jahre später wurde in 1985 durch das Bilanzrichtliniengesetz (BiRiLiG)[175] ein Hauch von europäischer Rechnungslegung in die stickige Luft der

171 Grundlegend *Blunzmann*, Genetik und Evolution, Band III Primaten, 2. Auflage Heidelberg 1998, S. 1289 ff.

172 Vgl. *Forster*, Vom Gläubigerschutz zum Aktionärsschutz, WPg 1964, S. 422 ff.

173 *Rappaport*, Creating Shareholder Value, New York 1986. Zum deutschen Verständnis siehe Gentelmann, Der Wert des lästigen Aktionärs, Düsseldorf 1999.

174 Ausführlich dazu *Hakelmacher*, Vom Teen-Ager zum Man-Ager, 2. Auflage, Wiesbaden 1996, S. 118 ff.

175 BiRiLiG vom 19.12.1985, BGBl I, S. 2355 f.

deutschen Bilanzwerkstätten und Prüferstuben geblasen. Die damit verbundene Aufblähung der Rechnungslegung verarbeitete der Wirtschaftsprüfer durch umfangreiche Kommentare und andere fachliterarische Arbeiten[176]. Er mutierte vom Testator I zum Testator II.

Um seiner schriftstellerischen Leidenschaft frönen zu können, musste der *Testator II* seine Prüfungshandlungen stark rationalisieren, damit für das Testieren der Jahresabschlüsse noch genügend Zeit blieb. Weil das keiner erwartet hatte, entstand die Erwartungslücke. Die DM-Eröffnungsbilanzvon 1990, eine anstrengende Bereicherung für eingeschworene Abschlussprüfer, konnte nur kurze Zeit und in lokaler Begrenzung von der Erwartungslücke ablenken. Sie kehrte rasch in das Bewusstsein kritischer Betrachter zurück, als größere Informations- und Überwachungslücken ans Licht kamen, für die der Vorstand bzw. der Aufsichtsrat die Urheberschaft beanspruchten.

Diese Lücken waren 1998, d.h. bereits 13 Jahre nach dem BiRiLiG, Anlass für den Gesetzgeber, die Rechnungslegungsvorschriften erneut zu ändern und mit dem *Gesetz zur Kontrolle und Transparenz im Unternehmensbereich (KonTraG)*[177] den Aufsichtsratsschutz zu schaffen. Die Aufsichtsratsmitglieder sollen vor dem eigenen Amateurstatus geschützt werden. Der Gesetzgeber meinte, dass damit dem Aufsichtsrat noch zu helfen ist. Als Nothelfer hat er den zum *Testator III*[178] mutierten Abschlussprüfer ausersehen, wobei noch offen ist, wie weit die gewünschte Mutation gelingen wird. Unverbesserliche Skeptiker bezweifeln, dass die Überwachungslücke, die das Biotop von hoher Prominenz und niedriger Präsenz an sich voll ersetzt, durch den Abschlussprüfer als Lückenbüßer ausgefüllt werden kann.

Den Testator III muss man sich als geläuterten Testator II vorstellen, dem in Bezug auf die künftige Entwicklung des Unternehmens seherische Gaben zugeschrieben werden. Die Risiken der künftigen Entwicklung des Testator III liegen in der Früherkennung der Risiken, denen seine Mandanten künftig

---

176 Vgl. *Hakelmacher*, Die bilanzielle Entsorgung für die 90er Jahre, WPg 1988, S. 101 ff.

177 Gesetz vom 27.4.1998, BGBl I 1998, S. 786 ff. Ausführlich dazu *Ernst/Seibert/Stuckert*, KonTraG, KapAEG, StückAG, EuroEG, Text und Begründungen, Düsseldorf 1998; zitiert als Begründung RegE.

178 Die nächste Mutation des Testators ist wissenschaftlich vorauszusehen. Wenn 5 $^1/_2$ Jahre nach dem KonTraG die in § 292 a HGB genannte Frist 2004 ausläuft und durch unzählige Standards das Chaos der deutschen Rechnungslegung perfekt ist, dürfte die Geburtsstunde des Testator IV schlagen. Seine Lichtgestalt wird wesentlich davon geprägt werden, ob und inwieweit die an das KonTraG geknüpften Erwartungen wenigstens im Kern erfüllt werden.

ausgesetzt sind. Vom Testator III werden außerdem kommunikative Fähigkeiten erwartet, von denen der Testator II nie besessen war.

Mit besonderer Spannung wird abzuwarten sein, ob und wie der Testator III die in Kapitel VI, 3 beschriebene Rotation verkraften wird. Es fehlt nicht an besorgten Stimmen, die auf längere Sicht eine Verödung der Prüfer-Mandanten-Beziehung befürchten[179]

c) Zwischenergebnis

Die Evolutionsgeschichte der Abschlussprüfung belegt eindrucksvoll die steigende Komplexität des Testators. Als Testator I war der Abschlussprüfer 33 Jahre lang stark handwerklich tätig, was ihn zu soliden Prüfungshandlungen und langatmigen Prüfungsberichten befähigte.

Unter dem Eindruck neuer und umfangreicher Rechnungslegungsvorschriften mutierte der Testator rasch zu einem mehr durchgeistigten Wesen[180]. Er entfaltete ungehemmte schriftstellerische Neigungen, mit denen er das Unerklärliche des Jahresabschlusses auch außerhalb der Prüfungsberichte unverständlich zu erklären versuchte. Der Testator II musste im Interesse umständlicher Berichterstattung und bereitwilliger Testierung arbeitsintensiven Prüfungshandlungen entsagen.

Der Abschlussprüfer der Gegenwart wird als Testator III katalogisiert[181]. Er wurde in der Retorte des KonTraG geschaffen und muss sich in der rauen Umwelt erst noch entfalten. Die Entwicklungsrichtung ist dadurch vorgegeben, dass der Testator III u.a. zu erster Hilfeleistung für den Aufsichtsrat verpflichtet wurde. Da er zusätzlich durch zahl- und umfangreiche fachliche Verlautbarungen des Instituts der Wirtschaftsprüfer und durch für ihn neuartige Rechnungslegungsstandards des Deutschen Rechnungslegung Standard Committee zu zeitraubender Dauerlektüre angehalten wird, wird er auf eigene Prüfungshandlungen wohl ganz verzichten müssen. Es genügt, wenn er in lichten Momenten düstere Ahnungen von der künftigen Entwicklung des Unternehmens entwickelt. Dennoch wird erwartet, dass sich der Testator III auf

179 *Joppenrath*, Der heimatlose Abschlussprüfer, Münster 2000.

180 Die Behauptung, dass der Testator II deshalb zum Lispeln neigt, ist wissenschaftlich nicht erwiesen. Vgl. *Pagendarm*, Der Abschlussprüfer im gerüchtlichen Verfahren, München 1988.

181 *Schmalfuß*, Systematik gewisser Elemente, 3. Auflage, Köln 1999, S. 87.

die Tradition seiner Vorfahren besinnt, die ihm vorgelegten Jahres- und Konzernabschlüsse zu testieren.

2. Anfang, Zwischenspiel und Ende der Abschlussprüfung

Am Anfang der Abschlussprüfung steht die Wahl des Prüfers, dann folgt der Prüfungsauftrag. Am Ende erwartet der Mandant einen uneingeschränkten Bestätigungsvermerk und einen beruhigend wirkenden Prüfungsbericht und der Abschlussprüfer hofft auf sein Honorar und seine Wiederbestellung. Was dazwischen passiert, soll in seinen beruflich wichtigen Höhepunkten beschrieben werden.

a) Prüfungsauftrag und -umfang

Der Abschlussprüfer wird von den Eigentümern der zu prüfenden Unternehmung gewählt, in der Regel nach der eindeutigen Vorgabe der Geschäftsführung. Wenn die Unternehmensführung durch einen Aufsichtsrat erschwert wird, erteilt dieser den Prüfungsauftrag. Sonst tut dies die Geschäftsführung.

Die Einschaltung des Aufsichtsrates wurde durch das KonTraG eingeführt, damit sich Aufsichtsräte und Abschlussprüfer näherkommen. Das muss den an Kontinuität gewöhnten Abschlussprüfer nicht beunruhigen, denn der Vorstand wird dem Aufsichtsrat auch hierbei die Hand führen.

Obwohl ein normaler Aufsichtsrat wie ein außergewöhnlicher Vorstand an einer reibungslosen Abschlussprüfung interessiert ist, könnte der unerfahrene Aufsichtsrat versucht sein, zur Entlastung der von ihm schon immer vernachlässigten Überwachungspflicht den Prüfungsauftrag auszudehnen, zumal er von dem gesetzlich gebotenen Prüfungsumfang keine konkreten Vorstellungen hat. Ein erweiterter Prüfungsauftrag wäre angesichts der knappen Zeit, die für die Abschlussprüfung zur Verfügung steht, für alle unmittelbar Beteiligten zumindest unangenehm.

Der gesetzliche Umfang der Abschlussprüfung ergibt sich aus § 317 HGB, der durch das KonTraG einige unangenehme, weil arbeitsaufwendige und risikobehaftete Erweiterungen erfahren hat. So ist u.a. zu prüfen, ob die Risiken der künftigen Entwicklung des Unternehmens oder Konzerns im Lagebericht zutreffend dargestellt sind.

Die Tragweite allein dieser Erweiterung des Abschlussprüfung kann noch nicht annähernd genau abgeschätzt werden. Wer hat schon daran gedacht, dass der Vorstand in bestimmten Fällen eine Berichterstattung wegen unmittelbarer Betroffenheit ablehnen müsste. Topmanager stellen sich als maßgeblichen Erfolgsfaktor des Unternehmens oder Konzerns vor, vergessen aber, dass sie auch dessen Hauptrisikofaktor sein können[182].

Eine darüber hinausgehende *Erweiterung des Prüfungsauftrags* wird der Vorstand im eigenen Interesse, das unauffällig mit „Kostenaspekten" umschrieben wird, in aller Regel zu verhindern wissen. Gelingt das ausnahmsweise nicht, weil der Aufsichtsrat eigensinnig seinem Verantwortungsgefühl frönen will, muss der Abschlussprüfer sorgfältig prüfen, ob es sich um unliebsame Weiterungen der Abschlussprüfung handelt. Eine solche Ausdehnung wird er zu vermeiden suchen. Unliebsam sind Überforderungen, die intensive Prüfungshandlungen erfordern und die leicht zu unkalkulierbaren Regressansprüchen der Gesellschaft oder ihrer Aktionäre gegenüber dem Abschlussprüfer führen können.

Ein auf Distanz bedachter Abschlussprüfer wird außerdem Prüfungserweiterungen ablehnen, die dem Vorstand zu nahe treten. In diesem Fall muss der Abschlussprüfer seine ganze noch unterentwickelte Überredungskunst aufbieten, um dem Aufsichtsrat solche Zumutungen auszureden. Schließlich ist er auf die Informationsbereitschaft des Vorstands angewiesen. Außerdem ist der Vorstand der „Bestimmer", der erfahrungsträchtig und mit Nachdruck den für das nächste Geschäftsjahr zu wählenden Abschlussprüfer vorschlagen wird.

Der durch das KonTraG[183] von der Beauftragung frisch entbundene *Vorstand*[184] tröstet sich damit, dass die altbewährte Schlussbesprechung beibehalten wird, in der ihm der Abschlussprüfer seine kritischen Prüfungsergebnisse beichtet. Zur Buße für den eifrigen Abschlussprüfer sterilisiert der Vorstand den Berichtsentwurf des Abschlussprüfers durch wohlklingende Textvorschläge beflissen, aber dennoch konsequent, so dass er in seiner endgültigen Form weder Unbehagen noch Ungemach auslösen kann.

Im Rahmen der Schlussbesprechung wird auch in Zukunft wie gewohnt der übliche Ablass für Sünden gegen die Grundsätze ordnungsmäßiger Rech-

182 Siehe hierzu *Hakelmacher*, KonTragproduktive Wirtschaftsprüfung, WPg 1999, S. 136.

183 Die häufige Erwähnung dieses Gesetzes entspricht dem Sprachgebrauch in Vorstandsetagen und Aufsichtsratssitzungen, wo es ungeahnte, nicht versiegende Aussagen und Diskussionen auslöst.

184 Die Entbindung erfolgte durch das KonTraG mit Wirkung vom 1. 5. 1998.

nungslegung zwischen Vorstand und Abschlussprüfer endgültig ausgehandelt werden.

b) Die Abwicklung der Abschlussprüfung

Der Prüfungsprozess gliedert sich gedanklich in Prüfungsplanung, Prüfungsdurchführung und Berichterstattung über das Prüfungsergebnis. Tatsächlich wird die Abschlussprüfung testatorientiert abgewickelt.

Der Abschlussprüfer will sein Testat so teuer wie möglich verkaufen. *Prüfungsplanung* ist dementsprechend die gedankliche Vorwegnahme der vom Abschlussprüfer zu entfaltenden Betriebsamkeit, die den Mandanten überzeugen soll, dass das Testat das Prüfungshonorar und die erduldete Prüfung wert ist. So erklärt sich die gute Berufsübung, dass der Bestätigungsvermerk nicht ohne ein Mindestmaß an Prüfungshandlungen und Berichterstattung über Prüfungsergebnisse erteilt oder versagt wird. Allerdings ist das leichter gedacht als praktisch getan.

Um nicht in zeitliche Bedrängnis zu geraten, empfiehlt es sich, die Abschlussprüfung mit dem *Entwurf für den Prüfungsbericht* zu beginnen. Der Prüfungsbericht bzw. sein Entwurf ist Planungsgerüst und Arbeitsplattform für jede Abschlussprüfung. Bei der Erstellung des Berichtsentwurfes erkennt der Abschlussprüfer am ehesten seine Wissens- und Erkenntnislücken. Es wird deutlich, welche Erhebungen und Prüfungen notwendig sind, um den Bericht in der gewohnten Breite und Untiefe erstellen zu können. Eine enorme Erleichterung ist es, wenn bereits zu Prüfungsbeginn auf den Bericht des Vorjahres zurückgegriffen werden kann,

Der Berichtsentwurf muss frühzeitig genug fertiggestellt sein, damit ihn der Vorstand des geprüften Unternehmens ohne zeitlichen Stress empfängergerecht redigieren kann. Der Abschlussprüfer sollte die zwischen Abgabe des Berichtsentwurf und Schlussbesprechung mit dem Vorstand verbleibende Zeit nicht zu sehr mit Prüfungshandlungen vergeuden, sondern sich beherzt der Dokumentation des Prüfungsplanes und der Prüfungshandlungen widmen.

Durch den nach 6 Jahren vorgeschriebenen *Prüferwechsel* (§ 319 Abs. 3 Nr. 6 und Abs. 1 Satz 2 HGB; vgl. Kapitel I, 4) wird sich der mehrjährige Prüfungsverlauf verkürzen und nach der Rotation wie folgt wiederholen.

Im ersten Jahr ist der Abschlussprüfer damit beschäftigt, sich in den örtlichen Gegebenheiten des Mandanten ohne Nachfragen zurechtzufinden[185]

Im zweiten Jahr kann der eingewechselte Abschlussprüfer bei entsprechender Mühewaltung nicht nur den Chefbuchhalter des geprüften Unternehmens, sondern auch die Vorstandsmitglieder und den Aufsichtsratsvorsitzenden beim Namen nennen[186], wenn sie zufällig seinen Arbeitsweg kreuzen.

Nach dieser intensiven Einarbeitung wird sich der sorgfältig handelnde Abschlussprüfer im dritten Jahr unverzüglich den branchenspezifischen Besonderheiten des geprüften Unternehmens zuwenden, so dass er sich im vierten Jahr den kritischen Bilanzposten ausgiebig widmen kann.

Im fünften Jahr kann sich der Abschlussprüfer darauf konzentrieren, die Prüfungshandlungen, zu denen er sich in den vergangenen Jahren hätte hinreißen lassen müssen, hieb- und stichfest zu dokumentieren, um seinem Nachfolger das Gefühl einer soliden Grundlage für dessen Prüfungstätigkeit zu vermitteln.

Im sechsten Jahr muss der auslaufende Abschlussprüfer seinen Übergang in ein neues Umfeld vorbereiten.

c) Das Testat des Abschlussprüfers

Der bisherige Bestätigungsvermerk, mit dem der Abschlussprüfer die Ordnungsmäßigkeit von Buchführung und Jahresabschluss bescheinigt hat, ist wegen seiner Formelhaftigkeit überschätzt worden[187]. Man sah darin die Bestätigung, dass die wirtschaftliche Verfassung des geprüfte Unternehmens zumindest als zufriedenstellend zu beurteilen und seine Fortführung nicht gefährdet ist. Die irrige Unterstellung, die präzise Aussage des Testats würde derartiges besagen, hat die erwähnte Erwartungslücke verursacht.

Daher sieht § 321 HGB jetzt eine längere Formel mit einem „deutlich bescheideneren Kernsatz“ vor, die man wegen ihrer Länge nicht so leicht über-

185 Es ist umstritten, ob Prüfungsassistenten, die unter dem vorhergehenden Abschlussprüfer gedient haben, als Pfadfinder benutzt werden dürfen. Ablehnend z.B. *Lenzen*, Tastaufgaben für den Abschlussprüfer, Würzburg 1999, S. 88; befürwortend dagegen *Mullenkopp*, Die verschlungenen Pfade moderner Abschlussprüfung, 2. Auflage, München 1999, S. 213 f.

186 Zum Memorieren mag die mehrmalige Abschrift der sog. Dauerakte hilfreich sein. Siehe dazu IDW, Arbeitspapiere des Abschlussprüfers (EPS 460, Nr. 21, WPg 2000, S. 38).

187 Begründung RegE, a.a.O., S 104.

sehen kann. Sie soll dem Abschlussprüfer mehr Spielraum geben[188], das auszudrücken, was er meint, aber nicht verständlich sagen will.

Das Institut der Wirtschaftsprüfer hat in einem *Prüfungsstandard* für die ordnungsmäßige Erteilung von Bestätigungsvermerken bei Abschlussprüfungen[189] Textvorschläge für den uneingeschränkten Bestätigungsvermerk, den eingeschränkten Bestätigungsvermerk und den hässlichen Versagungsvermerk unterbreitet, die für die Formulierung des Testats in der Poleposition sind[190]. Das soll labilen Berufsangehörigen eine starke Stütze sein.

Obwohl der Prüfungsstandard für alle Notfälle konsumfreundliche Textbausteine anbietet, wird der erbarmungslos als solcher bezeichnete *Versagungsvermerk* den Abschlussprüfer in kritischen Fällen brutal als Versager entlarven. Daher sieht sich kaum ein Abschlussprüfer außer Stande, dem Jahresabschluss ein uneingeschränktes Testat zu erteilen.

Angesichts des IDW-Prüfungsstandards wird kein Wirtschaftsprüfer wagen, sein eigenes Testat so zu formulieren, wie er es für richtig hält. Jeder Bilanzleser wäre bei abweichenden Formulierungen versucht, zwischen den Zeilen schlimme Grausamkeiten gegen die Grundsätze ordnungsmäßiger Buchführung zu suchen oder dem Abschlussprüfer mangelhafte Professionalität vorzuhalten. Die Konfusion wäre zwar perfekt, aber die Haftpflichtsumme für Abschlussprüfungen nicht mehr darstellbar.

d) Aushändigung des Prüfungsberichtes

Der Abschlussprüfer hat über seine Tätigkeit schriftlich zu berichten. Der Prüfungsbericht ist nach dem Testat das Wertvollste, was der Abschlussprüfer zu bieten vermag. Um das Testat preiswert erscheinen zu lassen, ist der Prüfungsbericht notwendig. Seine Ausstattung und sein Umfang müssen das Prüfungshonorar rechtfertigen. Der hohen Kunst der Erstellung des Prüfungsberichtes ist ein eigenes Kapitel gewidmet (siehe Kapitel VII, 2).

Die Höflichkeit gegenüber dem Auftraggeber und der Gesetzgeber gebieten, dass der Abschlussprüfer seinen Bericht nicht mehr an den Vorstand, son-

188 *Ernst*, KonTraG und KapAEG sowie aktuelle Entwicklungen zur Rechnungslegung in der EU, WPg 1998, S. 1030.
189 IDW PS 400, IDW Fachnachrichten 1999, S. 335 ff.
190 *Schumanski*, Doping bei Formulierungsformeln, Köln 1998.

dern direkt an den Aufsichtsrat ausliefert (§ 321 Abs. 5 HGB). Der Vorstand dient allenfalls als Versendungsgehilfe. Ein Versand der Prüfungsbericht per e-Mail würde die allgemeine Bekanntgabe seines Inhalts beschleunigen, wird aber wegen des hohen Durchschnittsalters der Aufsichtsräte noch nicht gewagt.

Viele Aufsichtsräte sind von der neuen Freizügigkeit überrascht worden, denn vor dem Inkrafttreten des KonTraG wurde der Bericht des Abschlussprüfers den Aufsichtsräten körperlich wie geistig nur unter erschwerten Bedingungen zugänglich gemacht. Die gemeinen Aufsichtsratsmitglieder konnten ihrer Prüfungspflicht nur dadurch nachkommen, dass sie sich ohne Ansehung von Jahresabschluss und Prüfungsbericht dem Prüfungsergebnis des Abschlussprüfers mutig angeschlossen haben[191].

Obwohl das KonTraG den körperlichen Zugriff des Aufsichtsrates auf den Bericht des Abschlussprüfers erleichtert hat und diese streng vertrauliche Unterlage jedem Aufsichtsratsmitglied auszuhändigen ist, besteht kein Anlass zur Panik. Die problembeladenen Botschaften des Abschlussprüfers sind ohne spiritistische Erfahrung und ein professionelles Medium, z.B. eloquente Vorstandsmitglieder, nicht zu entschlüsseln. Viele Aufsichtsräte werden mit den Berichten wenig anfangen können und sie als Ballast empfinden, der wertvolle Ablagefläche beansprucht[192].

Die Berichte des Abschlussprüfers sind bekanntlich sprachliche Kunstwerke von hohem Rang, die man sorgfältig archiviert, aber nicht durch Lektüre entweiht. Der Wunsch des Gesetzgebers nach problemorientierter Berichterstattung des Abschlussprüfers, wird niemand stören, so lange es bei den bewährten Verschlüsselungen bleibt. Die professionelle Codierung wird der Abschlussprüfer zur Selbsterhaltung mit hoher Wahrscheinlichkeit beibehalten. Auf der anderen Seite wird etablierter Aufsichtsrat zugeben, dass er nicht imstande ist, das kapitalistisch wertvolle Kulturerbe „Prüfungsbericht des Abschlussprüfers“[193] in vollem Umfang und in ganzer Größe zu bewundern.

191 Siehe dazu *Murks-Krampfer*, Die virtuelle Abschlussprüfung, 3. Auflage, München 1997.

192 Aus Gründen der Vertraulichkeit sind die Prüfungsberichte unter Verschluss zu halten, was die Lagerfläche sehr verteuert.

193 Siehe Kapitel VII,2.

e) Auftritt vor dem Aufsichtsrat

Die vielen Privilegien der Abschlussprüfer haben ihre Krönung in der Vergünstigung erfahren, direkt dem Aufsichtsrat berichten zu können[194]. Sie sind aus prinzipiellen Erwägungen zur Teilnahme an der *Bilanzsitzung des Aufsichtsrates* oder der eines Ausschusses verurteilt worden. Durch die Anwesenheit des Wirtschaftsprüfers soll die bewährte Tradition objektiviert werden, dass der Vorstand den Jahresabschluss als Zeugnis erfolgreicher Tätigkeit interpretiert und der Aufsichtsrat damit die wohltuende Wirkung seiner Überwachung bestätigt sieht.

Spitzenkräfte wollen glänzen, auch wenn sie keinen Schimmer haben. Dem „grauen" Abschlussprüfer ist daher nicht zu verdenken, dass er in der Bilanzsitzung des Aufsichtsrates die Gunst der Runde so zu nutzen versucht, dass der strahlende Glanz der hochstehenden Anwesenden auch ihm güldenen Schein verleiht. Daher bricht der abgebrühte Abschlussprüfer sein berufsübliches Schweigen nur bei unmittelbar drohender Insolvenzgefahr für das Unternehmen. Als Prügelknabe muss er seinen Kopf sowieso hinhalten, wenn Vorstand und Aufsichtsrat etwas übersehen haben, was der Abschlussprüfer auch bei vollkommener Abschlussprüfung nicht hätte erkennen können.

Abschlussprüfer, die unbefangen an der Bilanzsitzung des Aufsichtsrates teilnehmen wollen, sollten sich folgende *Erfahrungen* verdienter Aufsichtsratsveteranen[195] vor Augen halten:

1. Aufsichtsräte haben in der Regel keine Ahnung von kaufmännischer Buchführung und Rechnungslegung. Sie werden von Jugend an, d.h. im Alter von etwa 38 Jahren, daran gewöhnt, den Vorlagen und Erläuterungen des Vorstandes blind zu vertrauen.
2. Aufsichtsräte werden unter der dauerhaften Einwirkung der Berichterstattung des Vorstandes so apathisch, dass sie während der Sitzung in einen unauffälligen Dämmerzustand verfallen[196].
3. In wachen Momenten halten sich Aufsichtsräte mit Erkundigungen zurück, weil sie die Offenbarung eigner Unkenntnisse scheuen oder weil sie die rechtzeitige Beendigung der Sitzung nicht gefährden wollen.

---

194 Begeistert *Schwermer*, Eine Begegnung der besonderen Art, Frankfurt 1999.

195 *Absleider*, Lehren aus der Leere, Frankfurt 1970; 9. Nachdruck 1996.

196 Die Apathie setzt in der Regel bereits nach zwei Aufsichtsratssitzungen ein. Weiter aufklärend dazu *Biesenstrahl*, Organe in Ruhestellung und Erregungszustand, Zürich 1996.

4. Die Zeit der Aufsichtsräte ist begrenzt; ihre Aufgabenerledigung ist als Nebentätigkeit konzipiert. Eine vollständige Behandlung der Tagesordnung kann zwar im Extremfall drei und mehr Stunden benötigen, doch sind durch die Abfahrtzeiten der einzelnen Aufsichtsratsmitglieder oder durch das Anrichten des Aufsichtsratsessens natürliche Grenzen gesetzt, die jede Sitzung auf natürliche Weise vorzeitig beenden[197].

Vom Abschlussprüfer wird ein kurzweiliger, aber im Tenor lobender *Vortrag* über den Ablauf der Abschlussprüfung und ihr Ergebnis erwartet. Er darf den Vorstand nicht aufregen und soll den Aufsichtsrat beruhigen. Einfach strukturierte Tabellen[198] sollten die problemfreien Ausführungen untermalen, damit die Aufsichtsratssitzung nicht durch Fragen aufgehalten wird.

Bei seinem Vortrag muss der Abschlussprüfer davon ausgehen, dass die Aufsichtsräte seinen Prüfungsbericht nicht gelesen haben. Dennoch sollte er auf wörtliche Zitate verzichten; sie sind schon in schriftlicher Form nicht zu verstehen. Kritische Bemerkungen des Abschlussprüfers, z.B. eine problemorientierte Analyse des geprüften Jahresabschlusses, können bei zuhörenden Aufsichtsräten einen Schock auslösen, der zur Amtsunfähigkeit führen kann. Solche Friktionen können ein Unternehmen stärker erschüttern als eine abgebrannte, aber unterversicherte Produktionsstätte.

Abschlussprüfer, die das friedliche Zusammenleben von Vorstand und Aufsichtsrat nicht zerstören wollen, loben die bilanzpolitischen Kapriolen des Vorstandes und korrigieren seine Erläuterungen allenfalls unmerklich, wenn auch mit fachlicher Anmutung.

Zum Ausgleich und zur Nutzung seiner *Chancen* sollte der selbstbewusste Abschlussprüfer darauf bestehen, dass den zu Sitzungsbeginn ausgelegten Tischvorlagen[199] Imagebroschüren seiner Praxis beigefügt werden. Ihre kurzweilige Lektüre erleichtert den Aufsichtsratsmitgliedern die teilnahmslose Anwesenheit in der Bilanzsitzung. Eine Verteilung nach dem Vortrag des Abschlussprüfer ist weit weniger effektvoll. Kreatives Design und kraftvolle Textgestaltung solcher Broschüren überzeugen die Aufsichtsräte viel mehr

197 So schon scharfsinnig beobachtet von *Bumsfiedel*, Prominenz und Präsenz in Aufsichtsräten, Stuttgart, 3. Auflage 1999.

198 Anregungen zur Gestaltung kann der geneigte Leser dem Kapitel X, 5 entnehmen.

199 Tischvorlagen wirken aktueller und unterstreichen die Dringlichkeit der zu behandelnden Angelegenheit, Siehe Hakelmacher, Die Falken-Parabel, Lengwil 1998, S. 58 f.

von der fachlichen Qualifikation des Abschlussprüfers als ungehörige Anmerkungen zum geprüften Abschluss.

3. Qualitätskontrolle

Von Zeit zu Zeit geraten Wirtschaftsprüfer in die Kritik ahnungsvoller Nachschauer. Nach der Prüferrotation, deren Tragik schon in Kapitel I,4 angesprochen wurde, steht dem Berufsstand unter dem unverdächtigen Titel „externe Qualitätssicherung der Abschlussprüfung" eine mehrstufige Prüfung des Abschlussprüfers ins Haus, die als doppelt gemoppelte Peer-Review mit Fremdanteil angelegt ist[200].

a) Peer Review

Mit Peer Review bezeichnet man bekanntlich die unnachsichtige Nachschau durch Seinesgleichen[201]. Sie wurde lange Zeit als unwürdige Selbstjustiz abgelehnt. Denn „die Ausübung eines freien Berufes ist letztlich eine Geisteshaltung", die „nur bis zu einem gewissen Grad durch einen organisatorischen Ablauf erzwungen werden" kann[202].

Inzwischen ist der „gewisse Grad" sehr viel ungewisser und die Geisteshaltung der Wirtschaftsprüfer stärker strukturiert worden. Heute gilt die Peer Review bei Wirtschaftsprüfern zwar als unangenehm, aber doch als hoffähig[203]. Nach Ansicht kritischer Nutznießer der Rechnungslegung ist sie aber viel zu harmlos.

Daher soll die vorgesehene Qualitätssicherung durch die Mitwirkung Berufsfremder für unartige Wirtschaftsprüfer qualvoller gestaltet werden. Wegen des zusätzlichen Fremdanteils sollte man die über die Peer Review hinausgehende Qualitätskontrolle zur Verdeutlichung „Piercing Review", d.h. durchbohrende Nachprüfung, nennen. Sie lässt sich als Wiederbelebung der hochnotpeinlichen Befragung charakterisieren, die der Richter im Mittelalter bei schweren Verdachtsgründen für Kapitalverbrechen, z.B. Hexerei, anwenden durfte[204].

---

200 Hammers-Strizek, Peer Review – zur Einführung einer externen Überwachung der Qualität in der deutschen Wirtschaftsprüferpraxis, WPg 1999, S. 911 ff., ausführlich zu den anstehenden Unannehmlichkeiten Niehus, Peer Review in der deutschen Abschlussprüfung, DB 2000, S. 1133 ff.

201 *Härmer*, Die Nabelschau als Wesensmerkmal der Selbstverwaltung freier Berufe, Hamburg 1998.

202 *Niehus*, Prüfung der Prüfer durch die Prüfer, WPg 1985, S. 299.

203 *Niehus*, Peer Review in der deutschen Abschlussprüfung, DB 2000, S. 1133 ff.

204 Vgl. u.a. *Fehr*, Gottesurteil und Folter, Festgabe für Stammler, Berlin 1926.

b) Das RoKoKo-Verfahren

Trotz der anfänglichen Zurückhaltung gegenüber der Peer Review wird eine besondere Art dieser Selbstjustiz der Abschlussprüfer[205] schon seit über zwanzig Jahren bei der Abschlussprüfung von Konzernunternehmen praktiziert. Diese „robuste Kollegen-Kontrolle", kurz RoKoKo genannt, dient dem Konzern-Abschlussprüfer dazu, den Konsolidierungskreis von anderen Abschlussprüfern zu bereinigen[206].

Damit wird die den Konzernabschluss beherrschende *Einheitstheorie* konsequent auf die im Konzern tätigen Abschlussprüfer übertragen[207]. Zu der einheitlichen Unternehmung „Konzern" passt ein einheitlicher Abschlussprüfer im Konzern. Die Eliminierung fremder Abschlussprüfer nennt man *Konsolidierung des Konzernabschlussprüfers.*

Ausgelöst wird das RoKoKo-Verfahren durch die leicht chronisch werdende Frustration des Konzernabschlussprüfers, sich auf die Prüfungsergebnisse anderer Abschlussprüfer beziehen und damit seinen eigenen Tätigkeitsdrang einschränken zu müssen. Grundlage der RoKoKo bilden subtile Prüfungsstandards des Konzernabschlussprüfers, die ein anderer Abschlussprüfer zeit- und kostengerecht unmöglich erfüllen kann.

Dies für den Mandanten unmissverständlich festzustellen, ist erste Pflicht des Konzernabschlussprüfers, der die auskömmliche Quantität seiner Prüfungstätigkeit nicht gefährdet sehen möchte. Selbst verweichlichte Mutterunternehmen dulden keine Fremdprüfer mehr bei ihren Tochterunternehmen, wenn ihnen die Nachteile der gemischten Konzernabschlussprüfung eindringlich genug vor Augen geführt werden.

c) Von der Peer Review zur Piercing Review

Die Peer-Review soll nun auf *alle gesetzlichen Abschlussprüfungen* ausgedehnt werden, damit sich der Abschlussprüfer länger ziert, bevor er uneingeschränkt testiert. Alle drei Jahre soll die Tätigkeit der Abschlussprüfer durch

---

205 Die Bezeichnung „Lynchjustiz des Konzernabschlussprüfers" ist als demagogische Übertreibung und berufsunwürdig abzulehnen.

206 Siehe dazu *Hakelmacher*, Der integrierte Gesamt-Wirtschaftsprüfer – Rechnungslegung und Prüfung in den 80er Jahren, WPg 1980, S. 100.

207 Das RoKoKo-Verfahren lässt sich auch mit der amerikanischen Interessentheorie begründen, denn es dient dem Interesse des Konzernabschlussprüfers.

geeignete, in der Qualitätssicherung erfahrene Wirtschaftsprüfer geprüft und ihre ausreichende Qualität testiert werden.

Man wird also in Zukunft drei Arten von Prüfern zu unterscheiden haben: den „gemeinen Abschlussprüfer“ (GAP), der angeblich die Erwartungslücke geschaffen hat, den „zertifizierten Abschlussprüfer“ (ZAP), der sich zur Abdeckung der Erwartungslücke ein Qualitätszertifikat besorgt hat, und den „Prüfer der Abschlussprüfer“ (PAP), der Qualitätszertifikate für Abschlussprüfer ausstellt.

Den PAP sollte man respektvoller als „*d*eutschen *e*litären *P*rüfer*p*rüfer“ bezeichnen, abgekürzt DEPP[208].

Die DEPP dürften gut beraten sein, wenn sie sich in einem Prüfungsverband auf Gegenseitigkeit zusammenschließen, um einheitliche Folterwerkzeuge in Form von Prüfer-Prüfungs-Standards (PPS) zu entwickeln. Unbeschadet dessen soll die Tätigkeit der DEPP durch eine besondere Kommission der WP-Kammer, die *Prüferkontrollkommission* oder PKK, kontrolliert werden.

Das gesunde Selbstmisstrauen, das den Wirtschaftsprüfern berufsmäßig anerzogen ist, aber, wenn notwendig, aus sozialen Gründen mit bewundernswerter Selbstdisziplin unterdrückt wird, reicht allerdings für eine dreidimensionale Qualitätskontrolle nicht aus. Hier bedarf es noch der Fremdeinwirkung, so dass sich die Peer Review zur Piercing Review auswächst

Der Vorschlag der Piercing Review geht davon aus, dass kein Wirtschaftsprüfer dem anderen das WP-Handbuch um die Ohren hauen wird. Richtig ist daran, dass das WP-Handbuch ein Wirkung zeigendes Zuschlagen nicht aushalten würde. Daher soll ein *Qualitätskontrollbeirat* mit berufsfremden Mitgliedern (QuaKo), der bei der WP-Kammer angesiedelt wird, die PKK überwachen. Die WP-Kammer wird zum „TÜV“, d.h. zum Testat-Überwachungs-Verein.

d) Weitere Aussichten

Nach aller Erfahrung ist damit zu rechnen, dass der dreistufige Abschlussprüfer-Test (3sat) mit deutscher Gründlichkeit so weit perfektioniert werden

208 In Bayern wird zur Betonung der Eigenständigkeit des Freistaates die Bezeichnung „Bayerischer elitärer Prüfer-Prüfer (BEPP) lauten.

wird, dass vom Wirtschaftsprüfer außer permanenter Qualitätssicherung nichts mehr erwartet werden kann. Damit entfällt endlich die berufslästige Erwartungslücke.

Auf der anderen Seite taucht aber die Frage auf, ob wegen der strengen Geburtenkontrolle für Wirtschaftsprüfer, deren Population ohnehin im internationalen Vergleich kaum ins Gewicht und auch nicht ins Auge fällt[209], zur Durchführung der Abschlussprüfungen auf ausländische Berufskollegen zurückgegriffen werden muss. Man denkt hier insbesondere an Chartered Accountants aus den Commonwealthstaaten. Diese können zwar die in Deutsch verfassten Prüfungsunterlagen kaum lesen, beherrschen aber das anglizistische Bilanzlatein besser als Wirtschaftsprüfer mit großem Latinum[210].

Die Sorge um eine ausreichende bilanzielle Entsorgung weckt das Interesse an einer Greencard für indische und andere englische sprechende, aber dennoch preiswerte Berufsangehörige. Allerdings braucht man „easy speak", sonst versteht das deutsche Rechnungslegungsproletariat den Fachmann nicht. Der hochqualifizierte Wirtschaftsprüfer könnte sich auf die Rolle des DEPP zurückziehen.

Wesentlich teuerer wäre der Einsatz von US-amerikanischen Certified Public Accountants (CPA) oder britischen Chartered Accountants (CA). Für diese hoch dotierten Berufsvertreter spricht vor allem, dass sie die internationalen Rechnungslegungsgrundsätzen dominierend beeinflussen und aus schwer erklärbaren Gründen international in höherem Maß angesehen sind als die oft bieder wirkenden Wirtschaftsprüfer. Sie gehen nach aller Erfahrung die Qualitäts- und sonstigen Anforderungen sehr pragmatisch an[211], weil sie mit dem einschlägigen Sprachschatz souveräner umzugehen verstehen.

209 Die vom Verfasser schon früher konstatierte Unterversorgung Deutschlands mit Wirtschaftsprüfern (Die bilanzielle Entsorgung für die 90er Jahre, WPg 1988, S. 102) wurde jüngst bestätigt. Während in Großbritannien 690 Chartered Accountants und in USA immer noch 490 Certified Public Accountants auf 1 Million Einwohner entfallen, müssen 1 Million Deutsche mit 110 Wirtschaftsprüfern auskommen (Stand Ende 1997; *Lenz*, Entwicklungstendenzen in der Wirtschaftsprüfung, WPg 1999, S. 541).

210 Es gibt natürlich Ausnahmen. Dankbar darf der Verfasser vermerken, dass zu seinem Bekanntenkreis mehr als drei namhafte Berufsangehörige zählen, die mit lateinischen Begriffen und Sprüchen ebenso brillieren wie mit ihrem markigen Fachenglisch. Stellvertretend sei nur der auch literarisch hervorgetretene NN erwähnt.

211 Erinnert sei an die erstaunliche Transformation der EU-Bilanzrichtlinien in britisches Recht.

Die große Autoriät mag bei den CPAs durch das nationale Sendungsbewusstsein erlangt worden sein. Bei den britischen CAs dürfte die koloniale Tradition mitspielen. Als weltgewandte Interpreten können sie ohne professorale Verrenkungen z.B. den Grundsatz „Substance over Form“ als „die (geeignete) Substanz über die (passende) Form ziehen“ auslegen. Insofern klingt „externe Qualitätssicherung“ in Deutschland schlimmer als es sich international anhört.

4. Der virtuelle Abschlussprüfer

Der Wahn der Zeit nährt die Vorstellung, dass es bald den virtuellen Abschlussprüfer geben wird. Er ist die konsequente Fortentwicklung der virtuellen Abschlussprüfung, die virtuose Aufsichtsräte erfunden haben, indem sie die ihnen obliegende Prüfung des Jahres- und des Konzernabschlsses mit der Ansicht oder Entgegennahme des Prüfungsberichtes des Abschlussprüfers erledigen[212].

Als Vorstufe haben reale Wirtschaftsprüfer im aufgehenden Internet bereits die eigene Web-Seite installiert, die allerdings nur bei professioneller Gestaltung und Pflege der Aktualität überzeugende Werbewirksamkeit entfaltet[213].

Der humanistisch gebildete Berufsangehörige mag geneigt sein, bei „virtuell" an den „tugendhaften" oder „mannhaften" Abschlussprüfer zu denken. Gemeint ist aber der mittels Computer simulierte Abschlussprüfer, mit dem der Mandant im Zeitalter des E-Commerce interaktiv verbunden ist[214]. Wo der reale Wirtschaftsprüfer als äußeres Zeichen hoher Intelligenz eine Vollglatze hat, hat der virtuelle Wirtschaftsprüfer eine Festplatte mit hoher Speicherkapazität.

Die Schaffung des virtuellen Abschlussprüfers verwirklicht einen lang gehegten Mandantenwunsch: *Auditor on Demand* (AoD). Der Abschlussprüfer, der schon immer auf Draht war, steht als virtuelles Medium zu jeder Zeit online zur Verfügung. Über das Internet kann sich der Mandant den gewünschten Abschlussprüfer downloaden[215]. Der virtuelle Abschlussprüfer kann somit auch offline bearbeitet werden, was kostengünstiger ist[216].

Das Bild des Abschlussprüfers muss man sich in Zukunft digitalisiert vorstellen. Die Wirtschaftsprüferkammer sollte dazu das Portal einrichten, das einen raschen Zugriff auf den virtuellen Abschlussprüfer ermöglicht. Der reale Wirtschaftsprüfer wird zwar noch als *Content Provider* benötigt, doch kann

212 Siehe Kapitel VII, 2 e).
213 *Windig*, Auftritte im Internet, Werttreiber statt Schweißtreiber, München 1999.
214 Neben dem BtoB- und dem BtoC-Business wird es dann ein BtoA-Business geben.
215 AOD kann auch über den multimedialen Fernseher Loewe Audita aktiviert werden.
216 Die ad hoc eingesetzte Arbeitsgruppe „Pay-WP" beim Institut der Wirtschaftsprüfer arbeitet bereits an gebührenpflichtigen Varianten.

man mit dem einfachen Befehl „delete" unerwünschte Eigenschaften beim virtuellen Abschlussprüfer unterdrücken[217].

Bevor sich der Mandant den gewünschten Abschlussprüfer designed, sollte er seine analoge Bilanzpolitik mit Hilfe eines Modems ebenfalls digitalisieren. Über Hyperlinks können der virtuelle Abschlussprüfer und die reale Bilanzpolitik verknüpft und mit hohem Speed das optimierte Prüfungsergebnis hergestellt werden.

Um die Schwächen und Probleme der Abschlussprüfung mandantengerecht zu erweitern, werden vom DRSC *Powertools* entwickelt, deren zweifelhafter Nutzen derzeit kaum abzuschätzen ist. Das Institut der Wirtschaftsprüfer wiederum arbeitet an einem adäquaten Browser. Bisher konnten allerdings nur FAQs (frequently asked questions) in das Internet eingestellt werden, die den Spieltrieb des surfenden Mandanten auf Dauer nicht befriedigen dürften. Damit die Rechnungsleger nicht völlig im Cyberspace verschwinden, kann sich der Mandant auch in einen *Chat* mit dem realen Wirtschaftsprüfer einloggen. Wenn die Newbies den Schock wirrer Sprachfetzen, die sie zu lesen bekommen, überwunden haben, wird sie bald die Erkenntnis überfallen, dass die Chatinhalte völlig nebensächlich sind und allein die Interaktion entscheidend ist[218].

Chatting kann eine völlig neue Beziehungskultur zwischen Abschlussprüfer und Mandant schaffen. Erste Studien belegen, dass die Chatteilnehmer ehrlicher miteinander umgehen als im normalen Leben[219]. Daher ist eine schrittweise Annäherung zu empfehlen.

Die *Kostenseite* des virtuellen Abschlussprüfers konnte noch nicht befriedigend gelöst werden. Für die beanspruchte Brainpower sind zwar nur 1,9 Pf. je Sekunde kalkuliert worden. Stärker ins Gewicht fallen jedoch die unverändert unübersichtlichen Grundgebühren sowie die verwirrenden Tag- und Nachttarife für Kurzzeit- und Langzeitverbindung. Vieles spricht dafür, dass der reale Abschlussprüfer auf absehbare Zeit preisgünstiger sein wird.

---

217 *Murkser*, Create your own Auditor, München 1999, www.murkser.de., s. auch das Testmagazin WCPro, Audit Component Solutions, Heft 135/2000, Seite 67 f.

218 Schwuchtelberger, Online Screaming, München 2000.

219 Baker, Honest Chatting, State University Ohio 2000.

VII. Die Fachsprache und Fachliteratur

Der auf Reputation bedachte „Berater der Wirtschaft“[220] muss ständig besorgt sein, dass sein fachlicher Wortschatz auf aktuellem Stand bleibt, da sich die attraktiven Begriffe durch dauernde Nutzung schnell verschleißen. Schließlich vermag im heutigen Wirtschaftsleben nur der zu überzeugen, der mit zeitgemäßen Managementausdrücken selbstverständlich umzugehen versteht.

Die Verwendung antiquierter, wenn auch zutreffenderer Begriffe für beratungsrelevante Sachverhalte ist in Fachkreisen verpönt. Selbst Laien werden misstrauisch, wenn Fachleute einen Satz ohne ein einziges Fremdwort aussprechen. Das gilt in stark zunehmenden Maß auch für die Rechnungslegung.

Da die Modezyklen auf dem Gebiet der Managementlehre und der Rechnungslegung immer kürzer werden, ist für den beratenden Wirtschaftsprüfer die zeitnahe Lektüre einschlägiger Bestseller, Magazine und die Wahrnehmung einschlägiger Seminarangebote unentbehrlich.

1. Die moderne Fachsprache

a) Bilanz- und Managerlatein

Das moderne *Bilanz- und Managerlatein* ist Uneingeweihten schon deshalb schwer zu vermitteln, weil es vornehmlich aus englischen Ausdrücken besteht. Wer mit Spitzenkräften der Politik und Wirtschaft ernsthaft kommunizieren will, zersetzt seine Rede mit angloamerikanischen Begriffen, die nur dem aktiv tätigen Profi bekannt oder zugänglich sind.

Aussagen von Fachleuten, die auf der Höhe der Zeit sind, gleichen Schlagertexten, die in deutscher Sprache banal oder kitschig wirken, aber im Englischen zu tiefgründigen Songs und im Französischen zu charmanten Chansons avancieren, ohne an Inhalt zu gewinnen. Der regelmäßige und sinnfreie Gebrauch verleiht den fremdsprachlichen Fachbegriffen jene universelle Aussagekraft, die jedem Umstand gerecht wird.

---

220 Ein von Wirtschaftsprüfern gern benutztes Synonym für Ihresgleichen. Vgl. auch den Untertitel der Zeitschrift „Die Wirtschaftsprüfung“.

Zu den derzeit unvermeidbaren Begriffen gehören beispielsweise: Benchmark, Best Practice, Client Focus, Empowerment, Proactive, Strategic Fit, Touch Basis[221].

Der im Trend rudernde Wirtschaftsprüfer lässt bei allen beruflichen Äußerungen derartige Fachausdrücke wie Diamanten im Hintergrund aufblitzen. Viele Wirtschaftsprüfer der älteren Generation haben sich mit diesem Sprachgebrauch sehr schwer getan. Unbelehrbaren Traditionalisten, die ihren Bericht puristisch in deutscher Sprache abfassen wollen, wird als Mindestmaßnahme dringend empfohlen, für alle Schlüsselbegriffe die englischen Ausdrücke wenigstens in Klammern anzugeben.

Es war falsch verstandener Ehrgeiz, wenn eifrige Berufsangehörige den Modewörtern der modernen Betriebswirtschaftslehre auf den Grund gehen wollten. Ihre wörtliche Bedeutung ist gemeinhin irreführend. Ihr eigentlicher Sinn erschließt sich nur unbedarften Spezialisten und hilft nur in seltenen Notfällen. Das hätten die Wirtschaftsprüfer spätestens bei dem Reizwort „*True and Fair View*" merken müssen.

b) Übersetzung und Interpretation

Die zahlreichen Versuche, den Begriff „True and Fair View" in deutschen Fachkreisen populär zu machen, scheiterte weniger an der mangelhaften Übersetzung in die deutsche Sprache als an dem verfehlten Denkansatz, dass der Wortsinn eine entscheidende Bedeutung haben könnte. Man kann diese akademisch reizvolle Rätselformel nur pragmatisch auflösen.

„True and Fair View" darf allein im engen Zusammenhang mit dem Prinzip der *Maßgeblichkeit des Abschlussprüfers* interpretiert werden, das als oberste Maxime moderner Rechnungslegung gilt: Jeder Jahres- oder Konzernabschluss muss die „True and Fair View"[222] wiederspiegeln, die der mit seiner Prüfung beschäftigte Abschlussprüfer aus seiner persönlichen Sicht individu-

221 Vgl. hierzu die Spielanleitung für Bullshit Bingo, ein Spiel, mit dem langweilige Vorträge von Unternehmensberatern, Telefonkonferenzen oder Managerseminare durchgestanden werden können.

222 Die vielseitigen Verwendungs- und Interpretationsmöglichkeiten können kaum besser dadurch dokumentiert werden, dass bis heute nicht geklärt werden konnte, ob es die oder der „True and Fair View" heißen muss.

ell bestimmt oder akzeptiert, weil sie ihm vom Mandanten mit unwiderstehlichem Nachdruck nahegelegt wurde.

„True and Fair View“ muss also als ein auf den Einzelfall reduzibler und subjektiver Begriff verstanden werden. Der jeweils vorliegende Jahresabschluss ist der Einzelfall. Der Zeitpunkt seiner Prüfung bestimmt die naheliegende Beurteilung. Eine generell gültige Einschätzung der True and Fair View anhand objektivierter Beurteilungsmaßstäbe, insbesondere solche gesetzlicher Art, wäre mit der Unabhängigkeit des Wirtschaftsprüfers nicht vereinbar.

Zum Trost für fachlich fixierte Berufsangehörige sei angemerkt, dass die *wissenschaftliche Ergiebigkeit* angloamerikanischer Fachausdrücke enorm gesteigert wird, wenn sie in deutscher Sprache wohlklingend nachempfunden werden. Solche Erfindungen sind unversiegbare Quellen weit tragender Irrtümer. So hat z.B. die geschmeidige *Übersetzung* von „Cashflow-Statement“ mit „Kapitalflussrechnung“ ausgiebige Auseinandersetzungen über eine sachgerechte Fondsabgrenzung ermöglicht, die sich nur wenigen Experten erschlossen und die alle interessierten Amateure hinreißend verwirrt hat[223]. Bis heute suchen deutsche Rechnungsleger[224] nach dem Kapitalfluss, insbesondere wenn die Finanzströme den Bach runtergehen[225].

Es gibt aber auch Beispiele gelungener Übersetzungen ins Deutsche, die besser als der englische Begriff die innewohnende Problematik verdeutlichen. Erst die deutsche Übersetzung von „Goodwill“ mit „Guter Wille“ offenbart den wahren Charakter dieses umstrittenen Bilanzpostens. Wenn die Anschaffungskosten für die Beteiligung an einem anderen Unternehmen beim besten Willen nicht nachvollziehbar sind, können sie nur mit gutem Willen in der Bilanz angesetzt werden[226]. Die Abschreibung des aktivierten Goodwill hat über die Restnutzungsdauer des guten Willens zu erfolgen[227].

---

223 Möglicherweise beruhen diese Emsigkeiten auf einer irreführenden Assoziation, die durch das Zitat: „Was der Fond für eine gute Soße, ist der Fonds für die Kapitalflussrechnung“ verursacht wurde. *De la Socquette*, Zutaten und Ingredienzien für die Bilanzküche, Paris/Berlin, 4. Auflage 1999, S. 241.

224 Zu dem Begriff siehe Begründung des KonTraG, *Ernst* u.a. (FN 15), S. 111.

225 *Wegmann*, Das Delta der Finanzströme im Mittelmeer, Berlin 1999.

226 *Baeteker*, Die Behandlung verdorbener Unternehmen im Konzernabschluss, Stuttgart 1999.

227 *Orgelweide*, Die Abschreibungsdauer des guten Willen als Indikator für das schlechte Gewissen, in: Hasemann (Hrsg.) Kritische Kriterien für Finanzanalysten, Berlin 2000, S. 152 ff.

2. Der Prüfungsbericht

Dem Wirtschaftsprüfer liegt die schriftliche Äußerung mehr als die mündliche Kommunikation, von der er befürchtet, sie könnte in eine Konversation ausarten. Das wichtigste Verständigungsmittel ist für ihn der Prüfungsbericht. Seine Erstellung beansprucht etwa 89,6 % der Prüfungsdauer.

a) Der Bericht als sprachliches Kunstwerk[228]

Von einem Prüfungsbericht kann in der spärlichsten Ausführung bereits dann gesprochen werden, wenn zahlenmäßige und verbale Angaben, die einen gewissen Zusammenhang zu Prüfungsgegenstand und -ergebnis ahnen lassen, mindestens drei und eine halbe Seiten umfassen und mit der Unterschrift des Prüfers versehen werden. Bei der hohen fachlichen Qualifikation der Wirtschaftsprüfer versteht es sich von selbst, dass der normale deutsche Prüfungsbericht wesentlich länger ist, was ihm größeres Gewicht verleiht.

Für den normalen Wirtschaftsprüfer ist der *Bericht über die Abschlussprüfung* von überragender Bedeutung. An ihn denkt er, wenn schlicht vom Prüfungsbericht gesprochen wird. Dabei zeichnet sich der Bericht des deutschen Abschlussprüfers insbesondere dadurch aus, dass sein verbaler Teil immer noch überwiegend in deutscher Sprache abgefasst wird. Die verkümmerten Reports angloamerikanischer Abschlussprüfer können insoweit nicht mithalten.

Der Prüfungsbericht gilt seit jeher als Krönung deutscher Prüfungskunst[229]. Er wird als der konstruktive Teil der Abschlussprüfung bezeichnet, weil er als deren monumentale Vollendung angesehen wird Der deutsche Prüfungsbericht gilt unangefochten als ästhetische Form der Kommunikation zwischen dem Prüfer und bevorrechtigten Lesern des Jahresabschlusses einer Unternehmung. Mündliche Überlieferungen können diese Qualifikation niemals erreichen.

Obwohl in letzter Zeit eigenständige Formulierungen des Prüfers ein erschreckendes Ausmaß anzunehmen drohen, kann der Prüfungsbericht immer noch als sprachliches Kunstwerk von hohem Rang eingeordnet werden.

---

228 Grundlegend *Hakelmacher*, Der Prüfungsbericht als sprachliches Kunstwerk, WPg 1981, S. 143 ff.

229 *Mutscheider*, Kulminationspunkte der Abschlussprüfung, 2. Auflage, Frankfurt 1982.

Über Generationen wurde und wird der Prüfungsbericht von Jahr zu Jahr fortgeschrieben; lediglich unvermeidbare Aktualitäten, z.B. die jeweilige Jahreszahl, werden eingefügt. Der traditionsverbundene Berichtsschreiber hat es stets verstanden, veränderten Tatsachen, hartnäckigen Einwendungen des geprüften Unternehmens oder dem Zeitgeist der Berufspraxis zu widerstehen. Die über Jahrzehnte gefestigte Berichtstradition ermöglichte es, über unangenehme Erkenntnisse in behutsamer Dosierung zu berichten und die Abschrift der Konteninhalte des geprüften Unternehmens als Urform des deutschen Prüfungsberichtes zu bewahren.

Die voreilige Kritik an der *Maßgeblichkeit des Vorjahresberichtes* hält einer strengen Überprüfung nicht stand. Warum sollte man geglückte Formulierungen durch schlechtere ersetzen? Die majestätischen Formulierungen des Abschlussprüfers prägen sich bei ständiger Wiederholung nachhaltiger ein und werden in ihrem Inhalt weniger angezweifelt. Ein vom Vorjahr abweichender Inhalt könnte dem Berichtsleser zu schwer steuerbaren Spekulationen anregen. Hinzu kommt, dass die Aufsichtsratsmitglieder als Hauptadressaten des Berichtes meist in einem Alter sind, in dem man sich freut, wenn man Bekanntes wiedererkennt.

Ein guter Prüfungsbericht besticht durch die Monotonie seiner Aussagen. Ein Bruch in der Darstellung, wie er durch das KonTraG veranlasst worden ist, muss daher auf Verfasser und Adressaten wie ein Schock wirken. Nach den bisherigen Erkenntnissen sind dennoch bisher keine nennenswerten Komplikationen aufgetreten. Es ist daher zu hoffen, dass man sich schnell daran gewöhnen wird, dass der geänderte Wortlaut der §§ 321 und 322 HGB und ihre neue Gliederung unverändert in den Prüfungsbericht des Abschlussprüfers übernommen und wiederholt werden.

Beim international angelegten Vergleich unterscheidet man den in der angloamerikanischen Praxis üblichen Short-form-Report und den in Deutschland traditionellen Long-form-Report. Die bahnbrechende Unterscheidung zwischen dem Kurzbericht und dem ausführlichen Bericht geht zurück auf den von Blunzenbrenner[230] formulierten Fundamentalsatz über den *Berichtsumfang*: „Der Umfang des Prüfungsberichtes wird von seiner Seitenzahl

230 Quantitätsmerkmale von Berichten unter Zugrundelegung der Mengenlehre, Frankfurt 1968, S. 32.

bestimmt". Bronsky[231] hat folgerichtig ergänzt: „Sein Gewicht hängt von der verwandten Papierstärke ab".

Dem engagierten Wirtschaftsprüfer scheint schon der Begriff „Kurzbericht" degeneriert und leistungsfeindlich. Er bekennt sich ausdrücklich zum ausführlichen Bericht, obwohl die dadurch sichergestellte berufsübliche Konfusion in der angloamerikanischen Praxis, die stärker der Kurzform zuneigt, durch den Verweis auf unübersichtliche Accountingstandards sowie durch die übliche Auflösung des Jahresabschlusses in zahlreiche Anmerkungen, sogenannte „Notes"[232], ebenfalls erreicht wird.

Die rasant vorangetriebene Internationalisierung der Rechnungslegung gefährdet den Prüfungsbericht als ureigenes deutsches Kulturgut. Auch die Bedrohung durch den erweiterten Anhang als Teil des Jahresabschlusses darf nicht unterschätzt werden. Manche Glanzpunkte des Prüfungsberichts werden heute schamlos im Anhang wiedergegeben, wie z.B. die Kapitalflussrechnung, die vor Inkrafttreten des KonTraG ein Highlight des Prüfungsberichtes war.

Hier sind neue Ideen gefragt, um das wertvolle Kulturerbe des deutschen Prüfungsberichtes vor dem Verfall zu bewahren. Nostalgische Bilanzkennzahlen wie Liquidität 1. und 2. Grades sind eine Möglichkeit. Im übrigen sollte sich der Abschlussprüfer nicht scheuen, Angaben und Erläuterungen zum Jahresabschluss zu wiederholen, die bereits im Anhang enthalten sind.

Da die im Prüfungsbericht anzugebenden Zahlen durch Jahresabschluss und Buchführung präjudiziert sind, ist der schöpferisch veranlagte Abschlussprüfer auf den prosaischen Teil des Berichtes verwiesen. Nach herrschender Berufsauffassung sollte dieser Teil allerdings in lockerer Beziehung zum Jahres- oder Konzernabschluss oder zur Tätigkeit des Abschlussprüfers stehen. Da auch der Wortlaut des Testats durch einen Prüfungsstandard[233] vorgegeben ist, verbleibt der größte Gestaltungsspielraum für die Unterschrift des Abschlussprüfers. Sie wird damit zum spezifischen Merkmal des individuellen Prüfungsberichtes.

231 Quantensprünge im Berichtswesen, Heidelberg 1986, S. 124.
232 *Bluffke*, Die Note-Bedürftigkeit internationaler Rechnungslegung, Stuttgart 1998.
233 IDW, Prüfungsstandard PS 400, IDW-Fachnachrichten 1999, S. 335.

Die Schwierigkeiten einer wissenschaftlichen Analyse der Prüfungsberichte werden deutlich, wenn man sich die Voraussetzungen für eine wissenschaftliche *Textanalyse* vergegenwärtigt[234]: Der Text, der erforscht werden soll, muss als zuverlässig gelten. Für die Analyse ist ferner wichtig, dass der Autor möglichst eindeutig feststeht. Schließlich ist die Zeit der Abfassung des Textes relevant. Kann ein professioneller Prüfungsbericht solchen Anforderungen überhaupt gerecht werden?

Die Zuverlässigkeit des Prüfungsberichtes ist schwer in Frage zu stellen. Sie wird aber spätestens dann bezweifelt, wenn kurze Zeit nach Vorlage des Prüfungsberichtes von unbeteiligten Kreisen die Insolvenz des geprüften Unternehmens festgestellt wird.

Die Identität des Autors ist deshalb kaum zu verifizieren, weil unzureichend dokumentiert wird, wie und wo der Vorstand des geprüften Unternehmens direkt oder indirekt, stark oder massiv Einfluss auf die Berichterstattung des Abschlussprüfers ausgeübt hat. Die Unterschrift des Abschlussprüfers verrät nur die Verantwortlichkeit bzw. bei unglücklich formulierten Auftragsbedingungen den zum Schadensersatz Verpflichteten.

Wegen der erwähnten Kopierkunst der Berichtsschreiber ist auch die dritte Voraussetzung für eine genaue Textanalyse, also die Zeit der Textierung, nicht immer einwandfrei zu belegen. Obwohl der Prüfungsbericht unter einem bestimmten Datum abgefasst wird, enthält er wegen der hoch angesehenen Kopierkunst in aller Regel auch ältere Textstellen. Hier kann auch die Umstellung auf die neue deutsche Rechtschreibung nur wenig Hinweise geben.

b) Anforderungen an den Prüfungsbericht

Nach § 321 HGB hat der Abschlussprüfer über das Ergebnis seiner Prüfung schriftlich und mit der gebotenen Klarheit zu berichten. Daraus wird deutlich, dass die richtige Interpunktion ein wesentliches Gestaltungselement des Prüfungsberichtes ist. Man denke in diesem Zusammenhang beispielsweise an die richtige Platzierung von Nullen.

Der Gesetzgeber erhofft sich eine *problemorientierte Darstellung* im Prüfungsbericht[235]. Die Berichterstattung des Abschlussprüfers war schon im-

---

234 *Kayser*, Das sprachliche Kunstwerk, 5. Auflage, München 1959, S. 27 ff.
235 Begründung RegE KonTraG, S. 101.

mer problematisch. Wer die Problemorientierung ernst nimmt, wird kritische Sachverhalte durch umständliche Formulierungen hervorheben, damit der Berichtsleser nicht leicht darüber hinweg liest.

Ein guter Prüfungsbericht ist *durchgängig korrekt gestylt*. In der Umgangssprache wenig gebräuchliche Fachausdrücke und Fremdwörter sind im Text ebenso stilgerecht wie nebensächlich zu verwenden, damit sie nicht erschöpfend erläutert werden müssen. Selbst umfangreichen Formulierungshilfen des geprüften Unternehmens gelang es bisher nicht, die Bilanzierungs- und Bewertungskomplexe deutlicher als unzulänglich zu beschreiben.

Die Forderung des Gesetzgebers, den Prüfungsbericht sprachlich so abzufassen ist, dass er auch von nicht sachverständigen Aufsichtsratsmitgliedern verstanden wird, ist auf eine unmögliche Leistung gerichtet: Aufsichtsräte sind von Amts wegen sachverständig. Man darf wohl, bei allem Respekt, annehmen, dass es sich um eine unbedachte Äußerung des Gesetzgebers handelt.

Aufsichtsräte müssen den Jahres- oder Konzernabschluss nicht verstehen, sie müssen ihn verabschieden. Sie sind wie andere staatstragende Spitzenkräfte nicht auf konkrete Vorstellungen bedacht, sondern brillieren mit Visionen und strategischen Fingerzeigen.

Die Berichterstattung des Abschlussprüfers soll *vollständig* sein. Diesem Grundsatz wird in bewährter Praxis dadurch Rechnung getragen, dass der Inhalt von Zahlenzusammenstellungen möglichst komplett in verbaler Form wiederholt wird. Damit wird schon aus Raumgründen eine Interpretation des ohnehin komplizierten Zahlenwerkes vermieden, was der Unparteilichkeit des Abschlussprüfers entgegenkommt.

Durch strikte Anlehnung an den Vorjahresbericht soll die *Einheitlichkeit der Berichterstattung* gewahrt werden. Dem trägt die im vorhergehenden Abschnitt erwähnte Kopierkunst angemessen Rechnung. Auf der anderen Seite muss sich der Abschlussprüfer vor Augen führen, dass wegen des Grundsatzes der *Berichtswahrheit* auf die zutreffende Angabe des Bilanzstichtages nicht verzichtet werden kann.

c) Ergebnisse der Berichtsstilforschung

Wie bei anderen literarischen Werken vertieft die Stilforschung das Verständnis des Prüfungsberichtes. Sie „erfasst das Funktionieren der sprachlichen Mittel als Ausdruck einer Haltung“[236]. Die unübersehbaren Formen der Berufsausübung finden in unterschiedlichen Berichtsstilen ihren entlarvenden Niederschlag. In intensiver Forschungsarbeit konnten u.a. folgende Stilrichtungen identifiziert werden[237].

Der *gotische Berichtsstil* zeichnet sich durch eine überspitzte Sprache aus: „Die starke wirtschaftliche Stellung des Unternehmens wird dadurch unterstrichen, dass Eigenkapital in beträchtlichem Ausmaß aktiviert worden ist. Selbst nach Abzug des Nennkapitals und der Rücklagen verbleibt ein erhebliches Aktivum“. Hier bringt der Abschlussprüfer in verständlicher Form zum Ausdruck, dass er an nachfolgenden Prüfungsaufträgen sehr interessiert ist.

Als markantes Beispiel für den *barocken Berichtsstil* sei genannt: „Ein nicht geringer Teil der in hervorragend gepflegten Lagerstätten beheimateten Vorräte wurde während des für das Unternehmen glücklich verlaufenden Berichtsjahres körperlich erfasst. Die allseits geschätzten Inventurunterlagen werden nach Abschluss unserer verantwortungsvollen Tätigkeit von der Gesellschaft in bewährter Weise vervollständigt“. Hiermit wird dem Berichtsleser der Hang des soliden Abschlussprüfers zum Detail eindrucksvoll vor Augen geführt.

Der *romantisch-empfindsame Berichtsstil* führt zu Aussagen wie „Auf eine Prüfung des Kassenbestandes wurde verzichtet, nachdem – vor allem vom Kassierer – bereits kurz nach Prüfungsbeginn verschiedene, angabegemäß geringfügige Unterschlagungen zugegeben worden sind. Sie dürften sich nach unseren Erfahrungen im Rahmen der üblichen, im Einzelnen nicht näher bekannten Fehlbeträge halten“. Das hier dokumentierte Einfühlungsvermögen des angeblich hartgesottenen Abschlussprüfers sollte jeden Berichtsleser rühren.

Der *nüchterne Berichtsstil* lässt den jeder Gefühlsduselei abholden Abschlussprüfer erkennen. Er äußert sich in Ausführungen wie „Die Bücher sind ordentlich und sauber geführt. Gelegentliche Radierungen wurden mit großer Sorgfalt gehandhabt. Dadurch konnte die Anzahl der Luftbuchungen wesentlich verringert werden“. Hier besticht die klare Sprache jeden nachdenklichen Adressaten.

---

236 *Kayser*, Das sprachliche Kunstwerk, 5. Auflage, München 1959, S. 300.
237 *Von der Socke*, Berichtsstil gestern und heute, München 1974, Ergänzungsband 1997.

Der betriebswirtschaftlich geschulte Abschlussprüfer kommt immer wieder in Versuchung, das ihm verbliebene Fachwissen im Prüfungsbericht durchscheinen zu lassen. Als leuchtendes Beispiel für den *wissenschaftlichen Berichtsstil* sei zitiert: „Zur Liquidität des Unternehmens berichten wir, dass diese während des Berichtsjahres vom Zahlungseingang und von den Auszahlungen maßgeblich beeinflusst gewesen sein dürfte". Selbst kritisch eingestellten Berichtsempfängern wird es schwer fallen, diese Prüferaussage fachlich anzugreifen.

Der alternative *Jugendstil*[238], z.B. „Die geile Inventuraktion war eine totale Abschnalle" oder „Das Belegwesen ist hipp" hat sich auch in Kreisen progressiver Jungprüfer bisher nicht durchgesetzt. Schuld dürfte daran die erwähnte Kopierkunst sein, die neue Formulierungen, die derart abrupt den bisher gepflegten Berichtsstil vergewaltigen, ernsthaft behindert.

Der *internationale Stil* dokumentiert sich deutlich in folgenden Formulierungen: „Der Impairement-Test führte in Anwendung der Standardinterpretation „X for U" dazu, dass der nach der Purchase-Methode unvermeidbare Goodwill in einem „Percentage of Compliance Approach" durch die „Pooling of Interest-Methode" eliminiert wurde". Wer bei solch klaren Ausführungen noch von Grundsätzen ordnungsmäßiger Buchführung oder gar von verständlicher Berichterstattung faselt, dem wird bald nicht mehr zu helfen sein.

Während über Berichtsumfang und Berichtsinhalt mit dem geprüften Unternehmen durchaus verhandelt werden kann, sollte der selbstbewusste Abschlussprüfer in Fragen seines persönlichen Berichtsstils keine Kompromisse eingehen.

d) Die Berichterstellung

In der Literatur wird irrtümlich angenommen, dass der Prüfungsbericht vom verantwortlich zeichnenden Wirtschaftsprüfer verfasst wird. In Wirklichkeit ist die Entstehung des Prüfungsberichtes jedoch komplizierter. Sie erfolgt in mehreren Schritten zunehmender Vollendung.

238 Vgl. *Freaker*, Alternative Formulierungen für eine verkorkste Gesellschaft, Hamburg 1971.

Die verantwortungsvolle Herstellung der *Urfassung* des Prüfungsberichtes obliegt üblicherweise dem Prüfungsassistenten. Grundlage bildet der vorjährige Prüfungsbericht, der in minimiertem Umfang zu einem aktuellen Prüfungsbericht zu modifizieren ist. Gegenüber der seit Mitte der 60er Jahre entwickelten Manipeltechnik[239] bietet die elektronische Textverarbeitung wesentlich mehr und sicherere Kopiermöglichkeiten.

Der Prüfungsleiter ist für Anzahl und Stellung der im Text zu verwendenden *Satzzeichen* verantwortlich. Besondere Bedeutung kommt dabei den Kommata zu. Unklar ist noch, ob dem Prüfungsleiter auch die neue Rechtschreibung zugemutet werden kann, die sich nur allmählich in den Prüfungsberichten durchsetzt. Im ersten Schritt sollte man ihm als Vertrauen bildende Maßnahme die richtige Verwendung von „ss“ und „ß“ übertragen. Die damit ermöglichte Bereicherung der Prüfungsberichte wird jedem deutlich, der sich die häufige Verwendung des Wortbestandteils „Abschluss..“ vor Augen führt.

Auf der Grundlage des so in Teamarbeit verfassten Berichtsentwurfes entsteht in der sog. Schlussbesprechung durch mehr oder weniger massive Textanregungen des geprüften Unternehmens der eigentliche *Prüfungsbericht*. Hierbei werden etwaige Auffälligkeiten oder Reibungsflächen des Textes so geglättet, dass die Berichterstattung keine Verletzungen hervorrufen kann. Der Berichtswissenschaftler spricht von „ausgefeilten Formulierungen“[240].

Die WP-eigene Berichtskritik und die Fertigkontrolle schließen sich mechanisch an, um dem Prüfungsbericht durch sinnentstellende Eleganz und einwandfreie Rechtschreibung eine hohe Wertanmutung zu geben.

e) Zweck und Inhalt

Der Prüfungsbericht stellt eine streng vertrauliche „berufliche Äußerung des Abschlussprüfers“ dar, obwohl sie jedem Aufsichtsratsmitglied zugänglich zu machen ist. Er soll dem Aufsichtsrat die Gutgläubigkeit in Bezug auf die Lage des Unternehmens nehmen. Allerdings tendiert sein Informationsge-

239 Zu den Einzelheiten dieser Handwerkskunst siehe *Hakelmacher*, Vom Teen-Ager zum Man-Ager, 2. Auflage Wiesbaden 1996, S. 187.

240 *Pieselmeier*, Glättung durch geschliffene Berichtskritik, München 1972, S. 433.

halt bei fürsorglicher Abwägung der unterschiedlichen Interessenlagen der Berichtsempfänger zum Minimum.

Der Prüfungsbericht gilt seit Urzeiten als *Pflichtlektüre für Aufsichtsräte*, die aber selten wahrgenommen wird. Mit Rücksicht auf die knappe Zeit, die sich Aufsichtsräte für ihre Tätigkeit nehmen, wurde der Bericht des Abschlussprüfers in den meisten Fällen durch Kurzfassungen ersetzt, die bereitwillig vom Vorstand entstellt wurden.

Damit kristallisierte sich als eigentlicher Zweck des Prüfungsberichtes heraus, dem Aufsichtsrat des geprüften Unternehmens die feste Überzeugung zu vermitteln, dass er nach der Entgegennahme des Berichtes seiner Überwachungspflicht in vollem Umfang genügt und damit die ihm selbst obliegende Prüfung des Jahresabschlusses erledigt hat. Die wenigen ernst zu nehmenden Fachleute, die es auf dem Gebiet der Corporate Governance[241] gibt, sprechen von der virtuellen Abschlussprüfung des Aufsichtsrates.

Aus der Sicht des Abschlussprüfers besteht die vornehmste Aufgabe des Prüfungsberichtes darin, den uneingeschränkten Bestätigungsvermerk zu relativieren bzw. das selten eingeschränkte Testat zu entschuldigen. Weitere Entlastungsmaterialien werden von ihm als sogenannte Arbeitsunterlagen gesammelt.

In der Vergangenheit zerfiel der Bericht des Abschlussprüfers meist in den unvermeidbaren Hauptbericht und den informativen Berichtsanhang[242]. Der Berichtsanhang war als Nachschlagewerk für die Mitarbeiter des Finanz- und Rechnungswesens konzipiert und rechtfertigte durch sein Volumen die sonst schwer vermittelbare Höhe des Prüfungshonorars. Vor allem aber dienten Inhalt und Umfang des Berichtsanhangs dazu, den Prüfungsbericht von wesentlichen Erläuterungen zu entlasten, die die Leselust der Adressaten über die Negierung der Berichterstattung hinaus gedämpft hätten.

Heute ist die Berichterstattung in der Regel als Bericht mit zahlreichen, voluminösen Anlagen konzipiert, so dass die Lesefreundlichkeit ohne Beeinträchtigung des geringen Informationsgehalts erhalten blieb[243]. Die Anlagen

241 Vgl. *Hakelmacher*, Corporate Governance oder die korpulente Gouvernante, WPg 1995, S. 147 ff.

242 Vgl. *Klockow*, Zweck und Bedeutung des Anhangs im stochastischen Vergleich zum Hauptbericht, München 1959.

243 *Schlitzky*, Moderne Plattformen für Nullinformationen, Berlin 1999.

übernehmen die abschreckende und erklärende Rolle des früheren Berichtsanhangs.

Der Prüfungsbericht gliedert sich in Vorder-, Mittel- und Hinterteil. In dem kritischen *Vorderteil* ringt der Abschlussprüfer um eine möglichst unverbindliche Beurteilung der Lage des Unternehmens, seines Fortbestands und seiner künftigen Entwicklung. Sie erfordert eine gedankliche Vorwegnahme und Abwägung künftiger Unannehmlichkeiten. Außerdem ist im Vorderteil auf etwaige Unrichtigkeiten oder Verstöße gegen Gesetz und Satzung einzugehen, die der Abschlussprüfer mit der besten Brille nicht übersehen konnte.

Die Kunst vollkommener Sprachbeherrschung und sedativer Formulierungen ist bei Hinweisen auf Mängel oder Krisenerscheinungen gefordert. Solche Andeutungen dürfen zum Schutz der lebenswichtigen Organe des geprüften Unternehmens nur verdeckt erfolgen. Sie sollten ohne tiefes Grübeln weder dem Wortlaut, noch dem Sinn nach oder aus dem Zusammenhang heraus entdeckt werden können.

Der *Mittelteil* enthält das literarische Oeuvre des Abschlussprüfers, soweit es die Eingriffe des geprüften Unternehmens überlebt hat. Hier kann dem Stilempfinden und der Fabulierkunst gebührender Raum gegeben werden, solange die Undeutlichkeit kritischer Aussagen nicht leidet. Um die inhaltliche Qualität des Prüfungsberichtes anzuheben, sollten sich die unvermeidbaren bilanztechnischen Begriffe und die Ausdrücke moderner Managersprache, die als Inbegriff professioneller Unternehmensführung höchstes Ansehen genießen, die Waage halten.

Der *Hinterteil* des Prüfungsberichtes endet mit der Abschrift des raumgreifenden Bestätigungsvermerkes und mit dem Datum der ultimativen Berichterstattung.

f) Lesbarkeit und Interpretation der Berichte

Außenseiter behaupten, dass vor allem das Prüferlatein verständliche Ausführungen des Abschlussprüfers und damit ihre Lektüre verhindert, so dass die Abstinenz der Berichtsempfänger vom Abschlussprüfer, wenn nicht berechnend beabsichtigt, so doch auf jeden Fall verschuldet sei. Solchen berufsschädlichen Unterstellungen ist nüchtern entgegenzuhalten, dass das *Prüferlatein* – wie gleich gezeigt wird – durchaus halbwegs gesicherten Interpretationen zugänglich ist[244]. Im übrigen erlaubt die klare und einheitliche Gliederung der Prüfungsberichte ihrem Inhalt zu folgen, wie katholische Gläubige den Ablauf einer Messe verstehen, obwohl sie der lateinischen Sprache nicht mächtig sind.

Folgende Beispiele belegen die klare Prüfersprache: „Die Wertberichtigungen sind knapp bemessen“ heißt eindeutig: „Die Wertberichtigungen sind nicht ausreichend“. „Die Rückstellungen sind insgesamt ausreichend angesetzt“ besagt ganz klar: „Einzelne Rückstellungen sind zu niedrig bewertet“. „Der Wertansatz ist vertretbar“ meint überzeugend: „Ich habe den Wertansatz im Interesse meines Mandats unter Zähneknirschen akzeptiert“.

Formulierungen wie“.. dürften zulässig sein“ sind der unmissverständliche Ausdruck für: „Ich habe erhebliche Zweifel“. Der Hinweis „In Anlehnung an den Kommentar XYZ.....“ will mit aller Deutlichkeit sagen: „Ich bin ganz andere Meinung und bezweifle, dass der Sachverhalt überhaupt unter die zitierte Kommentierung subsumiert werden kann“.

Als Entlastung für den oft gescholtenen Abschlussprüfer ist außerdem zu konstatieren, dass die Prüfungsberichte nach allgemeiner Berufsausübung eine Unmenge von Zahlen enthalten sollen, so dass sich die verbalen Erläuterungen schon aus Gründen der Raumökonomie[245] auf wenige Eindeutigkeiten beschränken muss. Dazu gehören betriebswirtschaftlich fundierte Aussagen und fundamentale Prüfungsergebnisse wie „Die Liquidität des Unternehmens war im Berichtsjahr gesichert“. Weiter kann sich der Abschlussprüfer doch nicht aus dem Fenster lehnen!

---

244 Vgl. *Hakelmacher*, ABC der Finanzen und Bilanzen, 3. Auflage, Köln 1997, S. 48 und S. 157.

245 Auf diesen wesentlichen Gesichtspunkt weist z.B. *Dörner* (Ändert das KonTraG die Anforderungen an den Abschlussprüfer?, DB 1998, S. 3) ausdrücklich, wenn auch nicht deutlich hin.

3. *Umgang mit der Fachliteratur*

Die Fülle des Lesestoffes, die einem normalen Wirtschaftsprüfer zugemutet wird, übertrifft das menschlich Fassbare. Selbst das Institut der Wirtschaftsprüfer, das die Interessen der Wirtschaftsprüfer vertreten will und soll, produziert eine fachliche Verlautbarung nach der anderen. Diese Geschäftigkeit überfordert die Lesekraft des Wirtschaftsprüfers, trübt seinen Blick und bedroht seine übrige fachliche Tätigkeit. Zeitaufwendige Hobbys kann sich der Wirtschaftsprüfer ohnehin nicht leisten.

Zur *Bewältigung des Fachschrifttums* muss das fachliche Lesematerial auf das notwendige Minimum reduziert werden. Dazu mögen die nachfolgenden Handreichungen nützlich sein.

Der existenziell notwendige Lesestoff richtet sich nach dem Reifegrad und der Spezialisierung der Berufsangehörigen. Vor dem WP-Examen sind andere Wissensquellen gefragt als nach der Ernennung zum Partner einer großen Wirtschaftsprüfungs-Gesellschaft. Der Berufsangehörige muss aber in keiner Phase seines Daseins verzweifeln. Die Quintessenz der berufsfördernden und -erhaltenden Kenntnisse und Erfahrungen findet sich stets in den periodischen Veröffentlichungen des Verfassers[246]. Die nachfolgenden Hinweise dienen der Vertiefung des Fachwissens und der Absicherung eines überzeugenden Auftretens gegenüber Dritten.

Dem *Berufsanfänger*, dem aus dem gerade abgeschlossenen Studium genug Rudimente der fachlichen Literatur in Erinnerung sein sollten, um in Fachgesprächen verhalten mitreden zu können, wird vor allem das Studium der Reisekostenordnung seines Arbeitgebers empfohlen. Die optimierte Anwendung dieser Vorschriften ermöglicht den Nachwuchskräften der Wirtschaftsprüfer einen angemessenen Lebensstandard. Das Gehalt allein sichert gerade das Existenzminimum des Prüfungsassistenten und hilft seinem Dienstherrn, einen gerade noch auskömmlichen Deckungsbeitrag aus dem Prüfungsgeschäft zu erzielen.

Für das *WP-Examen* ist das Studium frischer Stellungnahmen des Instituts der Wirtschaftsprüfer, jüngster höchstrichterlicher Urteile oder neu kre-

246 In der Zeitschrift „Die Wirtschaftsprüfung".

ierter Rechnungslegungsstandards des DRSC unabdinglich[247]. Hilfreich ist ferner der zupackende Umgang mit dem Stichwortverzeichnis der Schönfelder-Gesetzessammlung. Im übrigen genügt die Durcharbeitung eines gegenwartsnah veröffentlichten Bilanzkommentars von mindestens 1,5 kg Gewicht und 1.800 Seiten.

Nach dem bestandenen WP-Examen beginnt das arbeitsteilige Leseverhalten. Die traditionelle Fachliteratur wie WP-Handbuch, Fachzeitschriften und andere Abartigkeiten kann man dem Prüfungsassistenten überlassen. Das dient seiner Fortbildung und ggf. der Vorbereitung zum WP-Examen. Der erwachsene *Wirtschaftsprüfer* konzentriert sich auf die gängigen Gemeinplätze, wie sie sich in Etagen des Topmanagements breit machen und auf den Wirtschaftsteil renommierter Tageszeitungen. Die Bestseller der Wirtschaftsliteratur und die Imagebroschüren angesehener Beratungsfirmen gehören ebenfalls zur mandantenorientierten Pflichtlektüre.

Umfangreicher ist die Pflichtlektüre für diejenigen, die durch *eigene fachliterarische Tätigkeit* zu dem Unbehagen der praktizierenden Wirtschaftsprüfer beitragen. Da ihre bahnbrechenden Werke meist aus der verfremdenden Kombination der drei jüngsten Publikationen entstehen, die zu dem zu behandelnden Thema erschienen sind, bleibt ihnen deren Lektüre nicht erspart. Es gilt als unseriös, die Abschriften durch unbeteiligte Dritte vornehmen zu lassen. Die Originalität verlangt, dass Plagiate selbst angefertigt werden.

247 Eine darüber hinausgehende Lektüre von Fachzeitschriften verwirrt den Examenskandidaten mehr als sie nützt.

4. Der Wirtschaftsprüfer als Fachautor

Im harten Konkurrenzkampf haben kühl kalkulierende Berufsangehörige den Promotions- und Werbewert von Broschüren und Kommentaren zum Bilanzrecht und neuerdings auch zur internationalen Rechnungslegung erkannt. Hinzu kommt, dass viele Wirtschaftsprüfer die Tinte nicht halten können und aus innerer Berufung ein Druckerzeugnis nach dem anderen produzieren.

Nach der jüngsten Erhebung[248] sind etwa 69,3 % der Wirtschaftsprüfer vollzeitlich mit dem Abfassen von Fachbeiträgen befasst, die teilweise unter oder mit dem Namen ihrer hierarchisch höher gestellten Kollegen publiziert werden. Von den verbleibenden 30,7 % sind 10,5 % mit Seminaren zur Rechnungslegung, 4,7 % mit Gutachten verschiedener Art und 2,4 % mit der Internationalisierung ihrer Organisation beschäftigt. Bringt man Kranke und sonst behinderte Berufsangehörige in Abzug (ca. 3 %), so stehen immerhin 11,1 % der Wirtschaftsprüfer für Abschlussprüfungen zur Verfügung.

Der engagierte Fachautor lässt keine Form der literarischen Verarbeitung aus. Wirtschaftsprüfer veröffentlichen Aufsätze in Fachzeitschriften, Beiträge in Lexika sowie Kommentare und Monographien. Neuerdings kommen Firmenbroschüren und werbewirksame Redaktionsbeiträge in Tageszeitungen vermehrt hinzu.

Für *Fachaufsätze* ist es schon aus Honorargründen unerlässlich, jedes Thema ab ovo zu behandeln, denn nicht die Tiefe, sondern die Breite der Ausführungen wird honoriert. Anzahl und Umfang der Fußnoten bestimmen ihre wissenschaftliche Qualität. Leicht lesbare Beiträge gelten als oberflächlich oder bestenfalls als populärwissenschaftlich.

Jede Fachzeitschrift bringt zu demselben Thema mindestens drei Fachaufsätze und jeder Fachverlag von Rang veröffentlicht zu demselben Thema gleichzeitig mehrere Werke. Das erspart dem Lektor eine Auswahl, die von einer kritischen Durchsicht der Manuskripte getragen ist[249].

---

248 *Bolte*, Die Beschäftigungsstruktur der prüfenden Berufe – eine empirische Studie, Düsseldorf 1998.

249 Die wichtigste Aufgabe der Lektoren besteht darin, für unterscheidungsstarke, wenn möglich zielgruppenspezifische Buchtitel zu sorgen, die aber dennoch auf denselben Inhalt schließen lassen.

Auf der anderen Seite verwendet der rationell arbeitende Autor ein und dieselbe Ausarbeitung für mehrere Veröffentlichungen, indem er die Textmodule unterschiedlich zusammensetzt und die Wortwahl verfremdend abwandelt. Es ist zuzugeben, dass dem Wirtschaftsprüfer, der in der strengen Tradition kopierter Prüfungsberichte aufgewachsen ist, eine solche Variabilität mehr oder weniger schwer fällt.

Der einschlägige Gesetzestext und seine offizielle Begründung bilden den Stoff, aus dem die *Bilanzkommentare* und in steigendem Umfang Firmenbroschüren mittelgroßer und großer Wirtschaftsprüfungsgesellschaften gemacht sind. Camouflierte Auszüge aus früheren Kommentaren lockern die oft verkrampft wirkende, mühsam verschleierte Abschrift der erwähnten Vorlagen auf. Die Verwertung von zeitgenössischen Fachaufsätzen und neuer Rechtsprechung ist dagegen nicht nur mühevoll, sondern hemmt den Textfluss. Dies darf allerdings ihre Erwähnung im Literaturverzeichnis und in Fußnoten nicht ausschließen.

Deutscher Forschungstradition entspricht es, dass das Ausmaß der wissenschaftlichen Auseinandersetzung im umgekehrten Verhältnis zur praktischen Bedeutung des behandelten Problems steht. Diesem Brauch sind z.B. die tiefschürfenden Abhandlungen über das Thema „Latente Steuern“ zu verdanken. Demgegenüber sind die bilanztheoretischen Grundlagen für „Merkposten“ bisher nur unzureichend literarisch verarbeitet worden.

Für den benutzerfreundlichen Kommentar gilt die Devise: „Ein guter Kommentar muss jedem etwas bieten“. Kommentare, die hohen wissenschaftlichem Anspruch gerecht werden wollen, zeichnen sich durch eine verwirrende Meinungsvielfalt und Formulierungen aus, die bei erstmaligem Lesen unverständlich bleiben. Sie sind ferner durch zahl- und umfangreiche Fußnoten gekennzeichnet, um die sich der Text rankt.

Marktgängige Kommentare enthalten mindestens 11 von 6 möglichen Interpretationen. Sie vermeiden absolute oder eindeutige Meinungsäußerungen, die geistige Unbeweglichkeit bezeugen. Welcher unter Testatzwang stehende Wirtschaftsprüfer möchte im unpassenden Moment mit seiner eigenen Meinung konfrontiert werden? Selbst sogenannte herrschende Ansichten sollten relativiert werden, um den Vergänglichkeiten des Wirtschaftslebens Rechnung zu tragen.

Von diesen Äußerlichkeiten abgesehen werden Autorität und Reputation eines Kommentars durch unhandliches Format, ansprechende Farben des Einbandes und erdrückendes Gewicht bestimmt. Nur Kommentare über 1,5 kg haben Gewicht. Damit soll das leichtfertige Mitführen solcher Handbücher auf Reisen unterbunden werden.

Noch ist nicht abzusehen, welche Auswirkungen die für Deutschland neue Form der *Rechnungslegungsstandards* auf das literarische Schaffen der Wirtschaftsprüfer haben werden. Auf der einen Seite ist damit zu rechnen, dass die Schriftstellerei der Berufsangehörigen eine enorme Belebung erfahren wird. Auf der anderen Seite könnten auch berufsfremde Sympathisanten der Rechnungslegung versucht sein, den Fach-Pegasus zu reiten. Allein der Vergleich der bisherigen und der noch heiß erwarteten Deutschen Rechnungslegungs-Standards mit denen des International Accounting Standards Committee (IASC) oder des Financial Accounting Standards Board (FASB) sowie die Reibungsflächen mit den EU-Richtlinien und dem HGB bieten ein reiches Betätigungsfeld.

Die Ausuferung der Rechnungslegung, die jetzt auch internationales Gestade erreicht hat, erfordert einen bedeutend höheren Darstellungs- und Auslegungsaufwand als je erhofft wurde. Die *Kommentare zur Rechnungslegung* nach HGB haben inzwischen 2,73 Regelmeter überschritten. Die Schriften zur internationalen Rechnungslegung holen schnell auf und haben bereits 1,15 Regalmeter erreicht, die weiter anwachsen werden.

VIII. Die Steuerberatung

1. Gegenstand

a) Allgemein

Das Gebiet der Steuerberatung erweist sich unverändert als dynamisch wachsender Beratungsmarkt. Fast täglich schaffen Gesetzgebung, Rechtsprechung und Erlasse der Finanzverwaltung überraschende Neuigkeiten, die die bisherige Rechts- und Sachlage alt aussehen lassen. Da die Legisleptiker[250] bemüht sind, auch den letzten Anschein von Systematik aus dem Steuerrecht zu tilgen, sind die Chancen für eine erntereiche Steuerberatung bodenlos.

Auf der nach oben offenen Unfugskala dürfte das deutsche Steuerrecht einen Spitzenplatz besetzen. Neben der Höhe des Steuersatzes rechtfertigen seine Komplexität und Unübersichtlichkeit diese wohlwollende Einschätzung. Die Höhe der steuerlichen Belastung in Deutschland braucht keinen Vergleich zu scheuen. Am besten lässt sie sich so beschreiben: Der Eiffelturm ist das Empire-State-Building nach der Besteuerung.

Der Steuerberater berät den Steuerpflichtigen nicht – zumindest nicht vorsätzlich – dahin gehend, möglichst viel Steuern zu zahlen. Er will vielmehr die Steuerbelastung seines Mandanten schmälern oder zeitlich hinausschieben. Insofern müßte man eher von *Steuerentratung*[251] sprechen. Der Steuerentrater dient als Buschmesser für die Schleichpfade im Steuerdschungel. Sein ehrgeiziges Ziel ist es, dafür zu sorgen, dass sich nicht jede wirtschaftlich vernünftige Entscheidung als steuerliches Desaster herausstellt.

Steuerberatung ist fiskalisch geduldete *Überlebenshilfe* für den Steuerpflichtigen. Sie soll den Steuerzahler vor dem Aussterben bewahren. Denn ohne Steuerzahler gibt es keine Steuereinnahmen. Daher sind die Kosten der Steuerberatung steuerlich abzugsfähig.

Die *Neidlinien der Steuerpolitik* waren lange Zeit auf die tributäre Auszehrung der sog. Besserverdienenden gerichtet. Besserverdienende waren und

250 *Schröter/Kahlemann*, Gesetzgebung im ausgehenden 20. Jahrhundert, Berlin 1998.

251 In Anlehnung an Eichelthümer, Steuerentratung bei zunehmender Steuerentartung, Berlin 2000.

sind jene Steuerpflichtige, die besseres verdient haben, weil sie die Tragsäulen der Wirtschaft darstellen. Als sich dieser Neidfaden als wahlpolitisch unzweckmäßig erwies, forderten die Besessenen, dass die Besitzenden als Taxcows gemolken werden, denn in ihrer begrenzten Einsichtigkeit gehen die Neidgenossen generell davon aus, dass Reichtum immer ohne eigenes Zutun entsteht und nur durch Umverteilung geschaffen werden kann.

Zum besseren Verständnis der Steuerpolitiker und – behörden muss man sich zwei fiskalpolitische Grundsätze[252] vergegenwärtigen, an die sie unbeirrt festhalten. Nach dem ersten Grundsatz ist alles steuerbar, was Natur und Zivilisation hervorbringen. Grundsatz 2 lautet: Wenn im Zweifel, erhebe Steuern; wenn immer noch im Zweifel, verdoppele sie. Daraus ergibt sich als Handlungsmaxime für den Steuerpflichtigen: Verschiebe nicht auf morgen, was heute noch nicht besteuert wird.

Im Zusammenhang zunehmender Steuerstrangulierung darf der wachsende Hang der Steuerpflichtigen zur *Steuerflucht* nicht unterschätzt werden. Die Verlegung des ständigen Aufenthaltsortes ins Ausland gilt seit langer Zeit als sicherste Methode des „Sich-der-Steuer-Entziehens“[253].

Als ältester bekannter Steuerflüchtling im deutschsprachigen Raum gilt nach neuen glazialarchäologischen Erkenntnissen die im September 1991 und im Oetztal gefundenen Gletschermumie[254], medienwirksam „Oetzi“ genannt. Diese Erkenntnis ist wegen der beim Oetzi vermissten Gegensände über jeden Zweifel erhaben[255]. Der Oetzi hat vor 5000 Jahren versucht, sich den Steuereintreibern zu entziehen und ist dabei im Interesse der Wissenschaft auf halber Strecke liegengeblieben. Er hat viele Nachfolger gefunden, die mehr Glück hatten und den Weg bis zum Ende gegangen sind.

Mit dem christlichen Gebot „Gebt dem Kaiser, was des Kaisers ist“, das dem Oetzi nicht bekannt war, aber auch christliche Steuerpflichtige nicht von der Steuerflucht abgehalten hat, wird nicht nur der unersättliche Anspruch des Fiskus gerechtfertigt, sondern nach Ansicht von Finanzrichtern auch die Durchschaubarkeit der steuerlichen Rechtsprechung genügend belegt. Wenn

252 *Hakelmacher*, Hakelmachers ABC der Finanzen und Bilanzen, 2. Auflage Köln 1997, S. 86.
253 *Parkinson*, Parkinsons neues Gesetz, Reinbek 1993, S. 73.
254 Knöchelverzeichnis 91/0/XI der Universität Innsbruck.
255 *Howard*, The Iceman as the lost Taxpayer – Critical Obeservations at the Institue for Forensic Medicine, Innsbruck, Glacier Jouirnal, London 1993, Vol. 12.

heute vom „Zehnten" die Rede ist, meint man nicht die Steuern und Abgaben, sondern den Rest, der dem Steuerpflichtigen verbleibt. *Steuergerechtigkeit* bedeutet gleichmäßige Verteilung der Unzufriedenheit mit dem versteuerten Restbetrag.

Daneben bildet der *Grundsatz der Etatdominanz* eine fundamentale Grundlage für Richtlinien und Erlasse der Finanzverwaltung, aber auch für die steuerliche Rechtsprechung. Hiernach bestimmt sich der Urteilstenor der Finanzgerichte in erster Linie nach der Haushaltslage der öffentlichen Hand. Die Konjunkturabhängigkeit der Haushaltslage bietet genügend Spielraum, um eine langweilige Gradlinigkeit der Rechtsprechung nicht auftreten zu lassen.

Um die totale fiskalische Auszehrung der Steuerpflichtigen zu vermeiden, vielleicht aber auch in dem Geschichtsbewusstsein, das der Oetzi mit seinem tragischen Ende hervorgerufen hat, hat das Bundesverfassungsgericht den sog. Halbteilungsgrundsatz aufgestellt. Danach soll die steuerliche Gesamtbelastung in der Nähe einer hälftigen Teilung zwischen privater und öffentlicher Hand liegen[256]. Entsprechend der Kontrasttheorie[257], nach der der BFH in unbeständiger *Rechtsprechung* konträr zum Bundesverfassungsgericht entscheidet, lehnt der Bundesfinanzhof diesen Halbleitungsgrundsatz für die Steuern vom Einkommen ab[258], so dass die Sorge um den schlechten Zustand der Steuerpflichtigen unverändert groß ist.

Die Kontrasttheorie beruht vor allem auf dem *Grundsatz der Erhaltung der Steuereinnahmen.* Er soll sicherstellen, dass die Steuereinnahmen per Saldo nicht absinken. Versiegende Steuerquellen sind durch neue zu ersetzten, die noch kräftiger sprudeln. Wenn die Rechtsprechung die Einhaltung der genannten Grundsätze nicht sicherstellen kann, fühlt sich der Gesetzgeber herausgefordert.

b) Bilanzsteuerrecht

Das Bilanzsteuerrecht ist eine Domäne der Wirtschaftsprüfer, Steuerjuristen und Finanzbeamten und -richter. Zur Zeit wird es noch vom dem Grund-

256 BVerfG 93, 121.

257 Diese Theorie geht zurück auf die Uneinigkeit der Steuereintreiber während der Gegenreformation. Siehe dazu *Cervus*, Ius in contrario, Nördnlingen 1546, Crampus, Fiscus in cumulus, Bamberg 1552.

258 *Hertzlog*, Die Kachexie der Steuerzahler als staatsgefährdende Krankheit, Köln 1998.

satz der Maßgeblichkeit der Handelsbilanz für die Steuerbilanz beherrscht, obwohl sich viele Steuerrechtler mit der Handelsbilanz wenig auskennen.

Da das handelsrechtliche Bilanzrecht – nicht zuletzt wegen der großen Geduld und Nachsicht unternehmensfreundlicher Wirtschaftsprüfer – zur Ausuferung neigt, während das steuerliche Bilanzrecht fiskalisch zur Strangulierung verkommt, musste der Fiskus schmerzliche Verrenkungen zum Erhalt des Steueraufkommens unternehmen. Dadurch ähnelt das ursprüngliche, gut gedachte Maßgeblichkeitsprinzip immer mehr einem löcherigen Käse, der trotz Schimmelbefall aus sentimentalen und anderen unsachlichen Gründen aufbewahrt wird und immer mehr stinkt[259].

Daher stört den gelassenen Betrachter wenig, dass wiederholt und zunehmend behauptet wird, dass das Maßgeblichkeitsprinzip nicht mit der Rechtssicherheit und Gleichmäßigkeit der Besteuerung vereinbar sei[260]. Rechtssicherheit bedeutet, dass der Steuerpflichtige sich morgen mit Sicherheit nicht auf die Steuergesetze von gestern verlassen kann. Gleichmäßigkeit der Besteuerung heißt, dass grundsätzlich alles gleichmäßig unmäßig besteuert wird.

259 Die Hoffnung, dass wirtschaftliche vernünftige Regeln für die Handelsbilanz auch das steuerliche Bilanzrecht beeinflussen, haben jetzt auch Optimisten endgültig begraben.

260 So jüngst *Schneider*, Das Bilanzierungsproblem in der Steuerbilanz, DB 2000, S. 1245.

2. Steuerreformen

Obwohl man sich in Deutschland an das Chaos des Steuerrechts gewöhnt hat, wird in regelmäßigen Abständen von der Notwendigkeit einer Steuerreform gesprochen. Dennoch bricht deshalb keine Panik bei den steuerberatenden Berufen aus. Steuerreformen sind Ankündigungen von Wundern, die nie stattfinden. Sie verheißen Steuervereinfachung und Steuerentlastung.

Es sollte die mündigen Steuerbürger stutzig machen, dass diese Vokabeln im Programm jeder politischen Partei und jeder Regierung strapaziert werden. Insofern wäre ihr Bluff für den gescholtenen Steuerbürger leicht zu durchschauen. Der deutsche Steuerzahler ist aber durch viele Enttäuschungen offenbar so abgestumpft, dass er immer wieder von dem Reformtheater angetan ist.

Jede Steuervereinfachung scheitert an dem *„nezessiven Konfusionsausgleich"*, der seit jeher dem indogermanischen Fiskalrecht systemimmanent ist. Dieser Ausgleich dient dem Schutz der Finanzbeamten und –richter sowie der steuerberatenden Berufe. Sein Zweck ist die Verwirrung der Steuerpflichtigen auf immer höherem Niveau.

Diese Verwirrung beginnt in jüngerer Zeit sogar mit den Bezeichnungen neuer Gesetze, die ebenfalls einer Auslegung bedürfen. Es wäre fatal, von dem „Steuerentlastungsgesetz 1999/2000/2001" eine *Steuerentlastung* zu erwarten. Bei Steuerentlastung geht es immer nur um Umschichtungen. Echte Steuerentlastung bleibt ein Wunschtraum, weil die Steuereinnahmen immer an die ständig steigenden Ausgaben der öffentlichen Haushalte angepasst werden müssen. Wenn die Kassen leer sind, muss wenigstens bei den Ausgaben in die Vollen gegangen werden.

Steuerentlastung bedeutet, dass der Steuersatz oder -tarif geringfügig abgesenkt und die Bemessungsgrundlage gleichzeitig drastisch erweitert wird oder umgekehrt. Da der Fiskus immer aufs Ganze (Einkommen) geht, versucht er seine Tributzahler mit trostreichen Vokabeln wie „Halbeinkünfteverfahren" zu beruhigen.

3. Moderne Steuerberatung

Für den Wirtschaftsprüfer steht das *Bilanzsteuerrecht* (siehe Kapital V 1) im Mittelpunkt seiner steuerberatenden Tätigkeit, dessen Eigenständigkeit gegenüber dem Handelsrecht in den letzten Jahren unangenehme Ausmaße angenommen hat. Die Steuerbilanz kann den Steuerpflichtigen nicht ungeschoren lassen. In dem haarigen Prozess, der über die Glatzenbildung bis zur totalen Kahlheit des Steuerpflichtigen führt, schert sich das Bilanzsteuerrecht immer weniger um die Grundsätze ordnungsmäßiger Buchführung. Realisations- und Imparitätsprinzip wurden bereits auf dem Altar des gefräßigen Fiskus geopfert. Als Nächstes soll das Anschaffungswertprinzip geschlachtet werden.

Die Steuerberatung bleibt eine *zukunftssichere Tätigkeit*, auf die der Wirtschaftsprüfer zur Vollauslastung nicht verzichten sollte. Wirtschaftsprüfern, die sich stärker der Abschlussprüfung oder anderen Beratungsaufgaben widmen wollen, bleibt als Trost, dass auch in der ambulanten Steuerberatung die Bäume nicht in den Himmel wachsen. Der jährlichen Beratungszeit ist mit 365 Tagen eine natürliche Grenze gesetzt. Auf der anderen Seite öffnen sich für Wirtschaftsprüfer, die sich in die fiskalische Mystik versenken können, bis ins Jenseits reichende Perspektiven.

Vom Steuerberater wird *Fantasie und Kreativität* gefordert, um extravagante Lösungen zur steuerlichen Optimierung zu finden, mit denen alle Beteiligten endgültig Übersicht und Vermögen verlieren. Die GmbH & Co. KG, die bei der Steuerberatung lange Zeit en vogue war, wirkt heute als kindlicher Versuch, Steuern zu optimieren. Heute bedarf es schon eines „Dutch-Swiss-Sandwiches“ oder ähnlicher Fastfood-Konstruktionen, um als professioneller Steuerberater Wahnsinn und Schrecken zu verbreiten.

Die hohe Schule der Steuerberatung wird im Zusammenhang mit Unternehmenserwerben und großen Fusionen gefordert (siehe dazu auch Kapital II, 3). Ein „anständiges“ *M&A-Projekt* weist als Minimalbestückung zwei Neugründungen, einen Asset Deal und einen Share Deal, eine Aufspaltung, vier Umwandlungen, davon mindestens eine mit Buchwertfortführung und eine mit Aufstockung, sowie die Schließung eines Teilbetriebs auf. Wer hier als Experte für voll genommen werden will, muss aus steuerlichen Gründen perverse Strukturen vorschlagen, die gesellschaftsrechtlich kompliziert genug sind, um den nachhaltigen Eindruck spezieller Expertise zu hinterlassen, ohne auffallen zu lassen, dass sie betriebswirtschaftlich keinen Sinn machen.

IX. Die Unternehmensbewertung[261]

1. Bedeutung

Viele Wirtschaftsprüfer haben sich offenbar damit abgefunden, dass andere Berufsgruppen Aufgaben übernehmen, die ursprünglich dem Berufsstand und der Expertise der Wirtschaftsprüfer vorbehalten waren. Die Aufregung darüber, dass die Vorbehaltsaufgabe der Abschlussprüfung bei kleinen und mittelgroßen Kapitalgesellschaften auch Steuerberatern und Rechtsanwälten überlassen werden kann, kann man inzwischen als gesunden berufsständigen Fanatismus abtun. Untragbar erscheint dagegen dem engagierten Wirtschaftsprüfer selbst heute die Vorstellung, dass sich Amateure seiner höherwertigen Tätigkeiten bemächtigen wollen.

Weltoffenen Wirtschaftsprüfern ist nicht verborgen geblieben, dass sich verstärkt berufsfremde Personen und Institutionen mit der Unternehmensbewertung befassen. Dem Verfasser sind sogar Einzelbeispiele bekannt, in denen Topmanager auf die Hinzuziehung von Wirtschaftsprüfern zur Bewertung von Unternehmen bedenkenlos verzichtet haben. Sonst durchaus seriöse Unternehmen unterhalten eigene Stabsabteilungen mit so dubiosen Bezeichnungen wie „Unternehmensentwicklung“, die sich ohne Skrupel eigenständig mit der Bewertung von Unternehmen befassen. Dasselbe gilt für gemeine Unternehmensberater, exaltierte Anwaltskanzleien und sog. M&A-Abteilungen bisher angesehener Banken.

Begründet werden diese Entgleisungen damit, dass die Bewertung von Unternehmen eine interdisziplinäre Aufgabe darstelle und mit strategischen Überlegungen verbunden sei. Da Visionen und Strategien der umständlichste Weg sind, um wirtschaftliche Zusammenhänge aufzuzeigen, müsse einleuchten, dass die Unternehmensbewertung nicht allein Fachleuten des Finanz- und Rechnungswesens überlassen bleiben kann.

Obwohl die Wirtschaftsprüfer in den letzten Jahren bemerkenswerte Fortschritte hinsichtlich der Unbeachtlichkeit des Vorsichtsprinzips verzeichnen

261 Die im Verhältnis zur betriebswirtschaftlichen Anspruchsfülle der Unternehmensbewertung geringe Zahl der Fußnoten in diesem Abschnitt erklärt sich dadurch, dass wegen seiner praktischen Relevanz kein Theoretiker an dem Grundsatz der resultativen Bewertung (siehe unten) Gefallen findet. Siehe dazu auch *Rammlöser*, Praktische Relevanz als Lähmfaktor der wissenschaftlichen Untersuchungen, München 1992.

können, muss dem Verfall berufsfreundlicher Usancen mit größerer Entschiedenheit entgegengewirkt werden, bevor die Unternehmensbewertung ihnen völlig entgleitet.

2. Grundlagen

a) Allgemein

Nachdem sich das Institut der Wirtschaftsprüfer in Bezug auf die Unternehmensbewertung lange Zeit zurückgehalten hat, sind seit 1983 vermehrt Verlautbarungen und Stellungnahmen zur Bewertung von Unternehmen veröffentlicht worden[262]. Das WP-Handbuch 1998[263] widmet der Unternehmensbewertung den ganzen ersten Teil seines zweiten Bandes. Ihre Bedeutung wird zusätzlich dadurch hervorgehoben, dass es den ersten Band des WP-Handbuches 1998 bis heute nicht gibt. Trotz der Modernisierung früherer Texte, insbesondere im Hinblick auf das Discounted-Cashflow-Verfahren und auf die Auswirkungen persönlicher Ertragsteuern, bedürfen die Ausführungen des WP-Handbuchs wesentlicher Ergänzungen.

Es begegnet heute kaum noch Zweifel, dass der Wert eines Unternehmens aus seinen künftigen Zahlungsüberschüssen abzuleiten ist. Dies ist ein Verdienst der Hochschullehrer für Betriebswirtschaftslehre, denen das selbst nur teilweise bewusst geworden ist, weil sie solche Anerkennung nur selten erfahren dürfen. Der Berufsstand ist den betriebswirtschaftlichen Erkenntnissen mit leichter Verzögerung gefolgt. Dem gegenüber ist die offene Frage, wie bzw. unter welchen Voraussetzungen die künftigen Cashflows zu ermitteln sind, von untergeordneter Bedeutung.

Weite Kreise der Betroffenen haben sich inzwischen selbst damit abgefunden, dass die künftig zu erwartenden Cashflows auf den Bewertungsstichtag abgezinst werden müssen. Nur über die Höhe des Zinssatzes wird weiterhin gestritten. Sie wird letztlich unvoreingenommen und unterschiedlich von den Gerichten bestimmt.

Der versierte Berufsangehörige hat sich nie durch die Unsicherheit der zukünftigen Unternehmensentwicklung beeindrucken lassen; er hat sie schlicht nicht zur Kenntnis genommen. Dementsprechend sehen sich die Wirtschaftsprüfer bevorzugt als neutrale Gutachter, deren Metier der objektivierte Un-

---

262 Institut der Wirtschaftsprüfer, Hauptfachausschuss HFA 2/1983, WPG 1983, S. 478; ders. HFA 2//1995, FN 1995, S. 309; ders. HFA 6/1997, FN 1998, S. 5; ders., Entwurf IDW-Standard: Grundsätze zur Durchführung von Unternehmensbewertungen (IDW ES 1) FN 1999, S. 61 ff.

263 IDW (Hrsg.), WP-Handbuch 1998 Band 2, Düsseldorf 1998.

ternehmenswert ist[264]. Auf der anderen Seite wollen sich die Wirtschaftsprüfern ihren Mandanten nicht als Berater verweigern.

Der Wirtschaftsprüfer hat schon im Zusammenhang mit dem Going-concern-Prinzip die bittere Erfahrung gemacht, dass Prognosen schwierig sind, wenn sie sich auf die Zukunft beziehen. Daher unterscheidet er bei der Unternehmensbewertung vier *Schwierigkeitskomplexe*, nämlich die umstrittene Definition der Überschüsse, die Ungewissheiten bei ihrer Prognose, die schwer zu greifende, aber leicht anzugreifende Höhe des Kapitalisierungszinsfußes sowie die unkalkulierbaren subjektiven Wertvorstellungen der Beteiligten.

Bei so viel Komplexität können Komplexe der Bewerter nicht ausbleiben. Wirtschaftsprüfer sind wegen ihrer hohen Sensibilität gegenüber Unsicherheiten jeglicher Art dafür besonders disponiert. Umso bedauerlicher ist es, dass die im Prinzip lobenswerten Ausführungen im WP-Handbuch 1998 nicht eingestehen wollen, dass Art und Ergebnis der Unternehmensbewertung durch den vom Auftraggeber erwarteten Unternehmenswert determiniert werden.

Dieser *Grundsatz der resultativen Bewertung* beseitigt die oft kritisierte Unberechenbarkeit der Unternehmensbewertung und reduziert die Bewertungsproblematik darauf, die relevanten Wertvorstellungen des Auftraggebers in Erfahrung zu bringen. Mit dieser Fokussierung lässt sich die seelisch bedrükkende Vorstellung, als Bewerter zu versagen, erheblich entschärfen.

b) Grundsatz der resultativen Bewertung

Der Grundsatz der resultativen Bewertung entspricht einer allgemeinen gesellschaftlichen Entwicklung: Die Zeiten produktiver Tätigkeiten vermindern sich zugunsten der Phasen meditativer Betrachtungen. Anstelle hektischer Analysen des Zahlenwerkes von Unternehmungen oder aufwendiger Markt- und Produktuntersuchungen treten folgende Fragen in den Vordergrund.

- Welchen Zweck verfolgt der Auftraggeber mit der Unternehmensbewertung?
- Was bestimmt seine Wertvorstellungen?

---

264 Zur Kritik siehe Feldhoff, Der neue IDW-Standard zur Unternehmensbeweretung: ein Fortschritt?, DB 2000, S. 1237 ff.

- Welchen höhergestellten Personen oder Gremien wird der Auftraggeber das Bewertungsgutachten vorlegen und zu welchem Zeitpunkt?
- Wie können Dritte die Wertvorstellungen des Auftraggebers ändern und ihre Vorstellungen durchsetzen?
- Welche Auswirkungen können sich durch den festgestellten Unternehmenswert auf die Ziele und Karriere des Auftraggebers ergeben?

Um die vorstehenden Fragen zufriedenstellend beantworten zu können, muss als erstes abgeklärt werden: Wer ist eigentlich der *Auftraggeber*? Soweit eine Kapitalgesellschaft formaler Auftraggeber ist, setzt die richtige Antwort die Kenntnisse der „Mandantenverhältnisse" voraus, wie sie in Kapitel III, 2 beschrieben werden.

Eigentlicher Auftraggeber ist der Manager, der die Entscheidung herbeiführen will, die durch das anstehende Bewertungsgutachten begründet werden soll. Er lässt sich eindeutig daran erkennen, dass er nicht derjenige ist, der für die Entscheidung verantwortlich gemacht werden kann, wenn sie sich später als falsch oder nicht (mehr) opportun herausstellen sollte.

Die schwer abschätzbaren Reaktionen formal zuständiger Entscheidungs- oder Überwachungsorgane, z.B. der Konzernleitung oder des Aufsichtsrates, dürfen nicht überschätzt werden. Aus den Ausführungen in Kapitel III,2 wird deutlich, dass mit der zunehmenden Höhe der Führungs- oder Überwachungsebene rationale Überlegungen kaum eine Rolle spielen und die Konfusion quadratisch zunimmt. Der Blick für wichtige Details schwindet in der höherwertigen globalen Sicht. Insofern ist von den oberen Hierarchieebenen wenig Einsicht und Durchsicht zu erwarten.

Eine wenig wahrscheinliche, aber im Zweifel unerwünschte Meinungsbildung derartiger Organe lässt sich im übrigen durch den im Detail ausgebauten Informationsvorsprung des Bewerters und des Auftraggebers zweckgerecht manipulieren. Eine Diskussion des Bewertungsgutachtens durch übergeordnete Gremien ist insbesondere dann nicht zu befürchten, wenn sich das Gutachten lang und breit über nebensächliche Einzelheiten auslässt, ihre Zusammenhänge durch mathematische Formeln abstrahiert und alles durch zahlreiche Tabellen und Fußnoten verwirrend untermauert.

Knappe und übersichtliche Gutachten würden andererseits den Verdacht wecken, dass der Bewerter von stark simplifizierten Annahmen ausgegangen ist oder sogar die berufsübliche Sorgfalt bei der Ermittlung des Unternehmenswertes nicht hat walten lassen.

c) Entscheidungsrelevante Werte

Bei der Unternehmensbewertung sind grundsätzlich zwei relevante Wertkategorien zu unterscheiden, nämlich der A- und der R-Wert.

Der sog. A-Wert oder *Akzeptanzwert* ist jener Wert, der die vom Auftraggeber gewünschte Entscheidung unterstützt oder herbeiführt. Er ist infolgedessen im Bewertungsgutachten als angemessener Unternehmenswert zu nennen und muss auf einer im Gutachten plausibel geschilderten künftigen Entwicklung des zu bewertenden Unternehmens überzeugend abgeleitet werden.

Damit kein Missverständnis aufkommt: Die Glaubwürdigkeit des A-Wertes hat nichts mit den zugrunde liegenden Tatbeständen zu tun. Widersprechende Fakten müssen vom Bewerter fachgerecht eingeebnet werden. Die traditionelle Neigung des Berufsstandes zu Sorgfalt und vorsichtiger Gewissheit führt leider oft dazu, dass die Vergangenheitsanalyse als verlässliche Basis für die Prognose überbetont wird. Diese Hemmschwelle muss mit der Visionskraft, die Spitzenkräfte auszeichnet, überwunden werden.

Ein weiterer berufstypischer Störfaktor ist die pathologische Gläubigkeit der Wirtschaftsprüfer an finanzielle Zahlen und Ergebnisse. Quantifizierung ist aber im Leben und bei der Unternehmensbewertung nicht alles. Bei der Bewertung von Unternehmen müssen auch Visionen, strategische Ziele und dankbare positive Synergien berücksichtigt werden. Bei konsequenter Korrektur der realistischen Werte führt die ihrer Natur nach zukunftsbezogene Unternehmensbewertung fast automatisch zum Akzeptanzwert.

Der R-Wert oder *Risikowert* ergibt sich nach der auf dem A-Wert basierenden Entscheidung, und zwar durch die tatsächliche und damit von den Annahmen für den A-Wert abweichende Entwicklung des bewerteten Unternehmens. Der R-Wert markiert den Übergang von der Begeisterung für das erworbene Unternehmen zur Phase der Ernüchterung. Um die damit verbundenen Komplikationen zu vermeiden, wird der erst später ermittelbare R-Wert in jedem professionellen Bewertungsgutachten so weit angedacht, dass der Bewerter seine Voraussicht nachträglich belegen kann, ohne die zeitlich früher liegende Maßgeblichkeit des A-Wertes zu schmälern.

Die Kompatibilität des R-Wertes mit dem A-Wert lässt sich am besten sicherstellen, wenn anstelle eines ohnehin pedantisch wirkenden Einzelbetrages für den A-Wert großzügig bemessene Grenzwerte angegeben werden, zwischen denen der gewünschte A-Wert nach Belieben gewählt werden kann. Selbstverständlich muss die Darstellung der Grundlagen und Prämissen der Unternehmensbewertung in ihrer Interpretationsbreite korrespondieren.

Ist der Wirtschaftsprüfer als Schiedsgutachter bei Unternehmensbewertungen tätig, so stellen Differenzen zwischen A- und R-Wert kein Problem dar. Die richterliche Unabhängigkeit dokumentiert sich gerade darin, dass die Bewertungsergebnisse für die Parteien unvorhersehbar bleiben.

3. Folgen

Unabhängig von Zeitaufwand, Informationsmaterial und Sorgfalt, die einer Unternehmensbewertung für Akquisitionszwecke zugrunde gelegt werden, ist ein überhöhter Kaufpreis unvermeidbar. Im Akquisitionsfall ist also der A-Wert stets größer als der R-Wert.

Der naheliegende Schluss, dass diese Gesetzmäßigkeit aus dem Grundsatz der resultativen Bewertung folgt, erweist sich bei näherer Untersuchung als voreilig. Die eigentliche Ursache liegt vielmehr in einer hypotrophen Einschätzung von positiven Synergieeffekten, die sich auf Seiten des Erwerbers spätestens im Rahmen der Kaufpreisverhandlungen durchsetzt. Hinzu kommt der Managementeinfluss des Erwerbers auf das erworbene Unternehmen, der dessen Gewinn gewöhnlich reduziert. Dieser empirische Befund wird aus ethischen oder anderen Gründen nie prognostiziert.

Der verantwortungsbewusste Bewerter wird – wenn Nachfolgeaufträge denkbar sind – alles daran setzen, um Unannehmlichkeiten für den Auftraggeber zu vermeiden. Er darf sich nicht darauf verlassen, dass bei größeren Fehlentscheidungen stets Kollegen des Auftraggebers als Verantwortliche zur Verurteilung bereit stehen. Der R-Wert darf infolgedessen nicht zu sehr vom A-Wert abweichen. Hier gilt es, die *Friktion irrtümlicher Renditeerwartungen (FIRE)* zu vermeiden.

Sie berechnet sich nach der FIRE-Formel wie folgt:

$$\frac{R - A}{5g} \leq \frac{V}{g}$$

A = Akzeptanzwert

R = Risikowert

g = jährlicher Durchschnittsgewinn der erwerbenden Unternehmens

V = Jahresvergütung des Auftragsgebers

Es gehört zur berufstypischen Tragik, dass der bewertende Wirtschaftsprüfer häufig zugleich Abschlussprüfer der Käuferunternehmung ist und als solcher selbst den geringeren R-Wert ins Spiel bringt, indem er Abschreibungen auf den Beteiligungsansatz für ein erworbenes Unternehmen fordert. Diese Unannehmlichkeit gilt es im Interesse eines dauerhaften Prüfungsmandats zu vermeiden.

Dazu ist das Going-Concern-Prinzip weitherzig auszulegen. Die damit unterstellte auf Dauer glorreiche Fortführung des Unternehmens entspricht dem Denken und Planen überlegener Topmanager. Der ebenbürtige Abschlussprüfer wird bei größeren Abweichungen von A- und R-Wert die von ihm angemahnten Abschreibungen über zwei bis drei Geschäftsjahre verzögern.

Nach diesem Zeitraum sind die Umwelteinflüsse zahlreich und stark genug, um die Abwertungsnotwendigkeiten als außerhalb der Einflusssphäre des Auftraggebers liegend zu charakterisieren. Die nächste Fehlinvestition kann dann unbefangen eingeleitet werden.

X. Die höhere Unternehmensberatung

1. Die Entwicklung des Beratungsgeschäftes

Was für den Politiker der Untersuchungsausschuss, für den Spitzensportler das Doping und für Junkies die harte Droge ist für Topmanager die Unternehmensberatung. Sie ist der Holzweg, der aus der Sackgasse von Management- und Unternehmenskrisen führen soll. Das ungebrochene Wachstum des Beratungsgeschäftes kann nicht nur mit der größeren Häufigkeit von Unternehmenskrisen, sondern zu einem wesentlichen Teil auch mit einer um sich greifenden Beratungssucht der Topmanager erklärt werden.

Das Topmanagement verlässt seine einsame Spitze nur, wenn es sich verlassen fühlt oder verlassen ist, z.B. von allen guten Geistern. Wenn die Zahl der Vorstandsmitglieder die Zahl der Kunden zu übersteigen droht[265], wenn das fixe Gehalt der Vorstandmitglieder die Umsatzerlöse und sonstigen Erträge übertrifft, wenn der Bestand an Fertigungserzeugnissen nachhaltig über dem Absatz liegt oder wenn – kurz gesagt – vorhersehbare negative Entwicklungen unerwartet eintreten, überwindet der Topmanager seine Einsamkeit, indem er kongeniale Unternehmensberater ruft. Das gleiche passiert wenn der Topmanager ausnahmsweise weiß, was zu tun ist, dies aber nicht tun will.

Topmanager verspüren sowohl in ihren depressiven wie in ihren euphorischen Phasen ein unwiderstehliches Verlangen nach Beratung durch Unternehmensfremde[266]. Bei normalem Geschäftserfolg ist die Beratungsneigung vergleichsweise gering. Sie kann aber aus nichtigem Anlass jederzeit anfallartig hervorbrechen. Topmanager verteidigen ihr latentes Beratungsbegehren mit ihrer angeborenen Dynamik und mit der Tiefe ihres Verantwortungsbewusstsein.

Die Dynamik des Beratungsgeschäftes hat dazu geführt, dass bei vielen Wirtschaftsprüfungsgesellschaften und Wirtschaftsprüfern der Anteil des Prüfungsgeschäftes unter 50 % des Gesamtumsatzes gesunken ist. Der völlig

265 Eine häufige Folge von Fusionen und Konfusionen. Vgl. *Krumme*, Der Ärger mit dem Merger, Düsseldorf 1998.

266 Topmanager haben eine unerklärliche Scheu, Mitarbeiter, Kollegen oder den Aufsichtsrat um Rat zu fragen.

abgemagerten Ergebnisanteil des Prüfungsgeschäftes sei dabei höflich verschwiegen.

Nun soll dem Abschlussprüfer auf Drängen der US-amerikanischen Börsenaufsichtsbehörde SEC das lukrative Beratungsgeschäft versagt werden. Abschlussprüfer, die auch das Beratungsgeschäft betreiben, beantworten nach Ansicht der SEC Fragen der Rechnungslegung anders als solche, die der Versuchung der Unternehmensberatung nicht erlegen sind. Im Interesse einheitlich strenger Abschlussprüfungen soll der Abschlussprüfer daher dem Beratungsgeschäft entsagen.

Der deutsche Berufsstand wird unverzüglich und vehement feststellen müssen, dass die amerikanischen Verhältnisse nicht ohne weiteres auf Deutschland übertragen werden dürfen.

2. Arten der Unternehmensberatung

Die Unternehmensberatung lässt sich nach der Höhe der Honorarsätze, die von der einfachen zur gehobenen Unternehmensberatung exponentiell steigen, wie folgt klassifizieren, wobei die Grenzen zwischen den Kategorien fließend sind:

a) Einfache Beratung
   - Organisation des Informations- und Rechnungswesens
   - Steuerberatung

b) Mittlere Beratung
   - Unternehmensbewertung
   - Finanzberatung

c) Höhere Beratung
   - Managementberatung
   - Beratung von Regierungen, Partein und Interessenverbänden

Die *einfache Beratung* betrifft handfeste Projekte, die man nur mit gewissen Sachkenntnissen begreifen kann, bzw. konkrete Fragen, die nur bei Kenntnis der Fachbegriffe gestellt und mit plausibler Unsicherheit beantwortet werden können. Sie darf nach ungeschützten Äußerungen der SEC weiterhin vom Abschlussprüfer durchgeführt werden[267], soweit dadurch nicht seine Neutralität gefährdet wird. Als Anreger oder Macher darf er sich aber nicht selbst prüfen.

Kritischer wird bereits die *mittlere Unternehmensberatung* gesehen, weil hier inmitten betriebswirtschaftlicher Zusammenhänge irrationale Erwägungen und Vorgänge eine dominierende Rolle spielen. Dennoch wäre ein Verzicht auf Unternehmensbewertung, die z.T. sogar gesetzlich dem Wirtschaftsprüfer zugewiesen wird, ein harter Schicksalsschlag für den Berufsstand in Deutschland[268]. Die Wirtschaftsprüfer betrachten sich für die Unternehmensbewertung vor allen anderen Fach- und Laienorganisationen als besonders qualifiziert.

Auf jeden Fall soll aber nach dem Willen der SEC die *höhere Unternehmensberatung* dem als Abschlussprüfer tätigen Wirtschaftsprüfer in Zukunft

267 *Hunt*, Dinner Talks, Kronsberg 2000.

268 Umso wichtiger ist der Hinweis auf die Objektivierung, die die Unternehmensbewertung durch den Grundsatz der resultativen Bewertung erfährt. (Kapitel IX, 2).

versagt bleiben. Sie bewegt sich in den höheren Sphären des Unternehmens und dringt unmittelbar in den Dunstkreis des Topmanagements ein. Höhere Unternehmensberatung beinhaltet im Kern, dass strategische Ziele durch systematische Gemeinplätze, Betriebsblindheit durch globale Analysen und lahme Geschäfte durch abstrakte Konzepte ersetzt werden. Durch die höhere Unternehmensberatung werden kleine Fehlentscheidungen irrelevant, weil man der großen Katastrophe weiter entgegentreibt.

Die Wirtschaftsprüfer haben sich die höhere Unternehmensberatung erst in den letzten Jahren richtig erschlossen. Ihr Potenzial ist noch längst nicht ausgeschöpft. Ihre Aufgabe würde einen äußerst schmerzhaften Einschnitt in die berufliche Erfüllung des Wirtschaftsprüfers bedeuten.

3. Grundprinzipien der höheren Unternehmensberatung

Wer sich der höheren Unternehmensberatung zuwendet, muss ihre Grundprinzipien akzeptieren. Sie betreffen vor allem die Problem- und Selbstdarstellung des Beraters.

a) Problemdarstellung

Der wichtigste Erfolgsfaktor der höheren Unternehmensberatung sind plausible, aber ausreichend komplizierte Lösungen für nicht vorhandene Probleme, die mit aus großem Abstand lesbaren Schaubildern ebenso eingängig wie farbig demonstriert werden können. Der schwierige, von Außenstehenden oft unterschätzte Teil der Unternehmensberatung ist die systematische und überzeugende Problemfindung sowie die unternehmensindividuell anmutende Problemlösung durch aufwendige Verfremdung des unternehmenseignen Know-hows.

Der *fundamentale Grundsatz* der Unternehmensberatung lautet: „Fortiter in modo, banaliter in re", d.h. „knallhart in der Darstellung, banal in der Sache". Dieser Grundsatz kann in seiner praktischen Bedeutung kaum überschätzt werden. Kraftvolle Managementbegriffe und wirtschaftswissenschaftliche Gemeinplätze schaffen nämlich jene fruchtbare Atmosphäre des lockeren Verständnisses, in der die Beratungsneigung der Topmanager zur Beratungssucht heranreifen kann.

Der professionelle Berater muss befähigt sein, in geschliffener Fachsprache Selbstverständliches und Unwesentliches akzentuiert hervorzuheben. Seine Kunst besteht darin, dass er Banalitäten mutig ausspricht und sie durch anglizistische, d.h. engelgleich verkündbare, das Ansehen beflügelnde Ausdrücke griffig aktualisiert. Mit anderen Worten: Nicht wissenschaftlich oder empirisch untermauerte Aussagen, sondern das Fluidum der Kundennähe, der strategischen Überlegungen und der operativen Dringlichkeit werden im Beratungsgeschäft gefordert.

Von einem souveränen Unternehmensberater werden Neutralität, Praxisnähe und Visionskraft erwartet. Das bedeutet:
- Abgewogene Distanz zur Realität
- Systematische Erfassung der Irrelevanz
- Geistige Durchdringung des Nichts
- Fundierte Interpretation des Banalen
- Sorgfältige Analyse des Unvorhersehbaren.

b) Selbstdarstellung

Unabdingbar für jeden erfolgreichen Unternehmensberater ist ein *sicheres Auftreten* in allen Beratungslagen. Der seriöse Berater darf selbst vor solchen Aufgaben nicht zurückschrecken, die ihn eindeutig überfordern. Grundfalsch wäre z.B. das Eingeständnis, von einer bestimmten Branche nichts zu verstehen. Offenheit in dieser Richtung würde die Beziehung zum Kunden trüben und den Erfolg des Unternehmensberaters in Frage stellen. Eine alte Beraterweisheit besagt: „Wer nichts weiß, weiß immer noch mehr als diejenigen, die überhaupt nichts wissen".

Ein gut ausgebildeter Berater wird, wenn er auf seinem Weg zum Mandanten an einem Elektrogeschäft vorbeikommt, zum Experten für elektronische Medien. Der ideale Unternehmensberater ist der 24-jährige Hochschulabsolvent mit 30-jähriger Berufserfahrung.

Zur *geistigen Mindestausstattung* erfolgreicher Unternehmensberatung gehören eine elegante Systematik für die Projektbearbeitung, die eindrucksvoll visualisiert ist, sowie reputierliche Referenzen. Der Routinier verdeckt die Abwesenheit einschlägiger Kenntnisse durch seine verfeinerte Beratungsmotorik, die in aufwendiger Form allgemeine betriebswirtschaftliche Erkenntnisse schrittweise preisgibt.

Selbstverständlich muss der auf Erfolg getrimmte Berater auch auf seine *äußere Erscheinung* bedacht sein[269]. Sie soll höchste Intelligenz, technische Brillanz, unbändige Kreativität und profundes Wissen um jegliches Managementproblem ausstrahlen.

Trotz aller Progressivität, die Berater vermitteln wollen, trägt der gestylte Consultant einen dunklen Anzug mit Weste[270], der so maßgeschneidert sein sollte wie angeblich seine Ratschläge für den Madanten. Tätowierungen, Ohrringe, Piercing und Vollbart sind allenfalls in der Mode- und Werbebranche zulässige Attribute. Man hüte sich vor farblos wirkenden Zwischentypen. Konsequenz von der Leder- oder Gummisohle bis zur Frisur oder zum Toupet zeichnet den erfolgreichen Unternehmensberater aus.

---

269 Interessante Modetipps finden sich bei *Weatherstone*, Das Pragmanentum in Indien während der Kolonialzeit, Deutsche Ausgabe Marburg 1986.

270 Insofern eignet sich der Wirtschaftsprüfer zum Unternehmensberater.

Unabdingbar sind moderne elektronische Accessoirs wie Handy oder Notebook. Der unauffällige, aber für den Mandanten bemerkbare interaktive Umgang mit Informations- und Kommunikationshardware der neuesten Generation sind für den erfolgreichen Berater ebenso selbstverständlich wie der Regenschirm für den in Norddeutschland ansässigen Meteorologen. Das edle Schreibzeug stellt der modisch versierte Berater nicht in der Brusttasche zur Schau, sondern zeigt es bei passender Verwendung.

4. *Auftragsbeschaffung*

Von Partnern oder Geschäftsführern renommierter Beratungsfirmen wird vor allem Durchsetzungsvermögen bei der Auftragseinholung gefordert. Zu den kapriziösen *Mitteln der Auftragsbeschaffung* gehören Vortragsveranstaltungen für Topmanager in illustrer Gesellschaft und teurem Ambiente mit anschließendem festlichen Dinner oder erlesenem kalten Bufett.

Die Vorträge sind so zu gestalten, dass dem potentiellen Kunden der latente Wunsch nach Unternehmensberatung bis zur Schmerzgrenze bewusst wird. Dabei sollte der Berater bedenken, dass gewöhnliche Manager höchstens 14,8 Minuten und Topmanager höchstens 8,7 Minuten hinter einander aufmerksam zuhören können[271]. Diesen begrenzten Aufmerksamkeitsgrad kompensieren etablierte Manager gewöhnlich dadurch, dass sie rasch und falsch entscheiden.

Bei den ersten Kontakten kommt es für den Berater darauf an, in dem potenziellen Mandanten ein unwiderstehliches Verlangen nach Unternehmensberatung zu wecken. Kann der Berater nachweisen, dass namhafte Konkurrenten des potenziellen Mandanten bereist geduldige Beratungsopfer waren, steigert sich das Beratungsverlangen zur *Beratungsgier* (avidatis consultationis)[272].

Hilfreich ist dabei ein sicheres Gespür für modische *Trends der Managementlehre*. Ansehen und Anwendung von Managementtechniken verlaufen in Zyklen. Insofern kann ein langjährig tätiger Berater rechtzeitig auf vorhandene Konzepte[273] zurückgreifen und zusätzlich eigene Erfahrungen zitieren. Allerdings ist warnend darauf hinzuweisen, dass sich oft nur die Bezeichnungen für derartige Konzepte und Modelle verändern, um ihre Neuartigkeit zu demonstrieren.

Wenn sich die Diversifikation als Desaster bewährt hat, besinnt man sich auf die sog. Kernkompetenzen. Wenn das Outsourcing zur Katastrophe herangereift ist, versucht man es wieder mit starken Zentralabteilungen. Wenn

271 In abgedunkelten Räumen reduziert die sich Aufmerksamkeitsdauer um ca. 25 %.

272 Dieser Beratungsgier entspricht auf der Seite der Berater der Konsultationstrieb (cupiditas cons.). Vgl. *Kalkfuß*, Symptome der Aviditas und der Cupiditas cons., 8. Auflage Heidelberg 1998.

273 Sehr hilfreich in diesem Zusammenhang: *Krampfeneder*, Die Essentialien existenzieller Unternehmenskonzepte, Köln 1994.

die Matrixorganisation out ist, obwohl sie nie funktioniert hat, werden bereits neue Versuche mit entsprechenden Holdingkonstruktionen gestartet. Wenn der Charme von Business-Reengineering und Change-Management verblasst ist, beleben Fusionen und selbst feindliche Übernahmen das Beratungsgeschäft. In naher Zukunft werden die Dekonstruktion von Strukturen und das Unbundling von großen Konzernen die Beratungsaktivitäten erneut stimulieren[274].

Es ist eine Stilfrage, ob bei den Akquisitionsgalas an der Garderobe vorbereitete Beratungsverträge ausgelegt werden, in denen zu Erleichterung für den Mandanten die Stelle angekreuzt ist, an der durch einfache Unterschrift den Beratungsvertrag zustande bringt. Einer subtilen und honorarträchtigen Beratung dürfte ein solches Vorgehen eher abträglich sein. Hier kommt es doch auf eine stark individualisierte Aussprache an.

Bei besonders beratungsresistenten Mandantenkandidaten hilft oft das Angebot, einen Workshop mit ihm und seinen Mitarbeitern zu veranstalten. Der professionelle Unternehmensberater wäre nicht ein solcher, wenn er dabei nicht Probleme aufdeckt, die den potenziellen Mandanten hinreichend beunruhigen, um einen Beratungsauftrag zu erteilen.

Der weitblickende Berater wird jede *Auftragsformulierung* akzeptieren, um dann bei der Auftragsdurchführung ihm zusagende Aufgaben zu wählen (self created tasks), die er mit größter Perfektion konzeptionell bearbeiten wird. Etwaige Störgefühle des Auftraggebers werden in der Regel durch die bald einsetzende Beratungsapathie des Mandanten (resignatio consultationis)[275] überwunden. Daher werden selbst falsch angesetzte Beratungsaufträge nur in Ausnahmefällen storniert.

274 Weitere Stichworte finden sich bei *Simon*, Das große Handbuch der Strategiekonzepte, Frankfurt/New York 2000.

275 Sie ist die unbewusste Folge der Frustrattion der vom Berater überbeanspruchten Mitarbeiter des Mandanten. Siehe dazu *Brunzel*, Managementapathie als Krankheit und Sozialproblem, Stuttgart 1977. Interessant auch *Mullenkopp*, Das Los der Teilnahmslosen, Göttingen 1989.

5. *Auftragsdurchführung*

Auftakt jeder anspruchsvollen Unternehmensberatung ist die Präsentation[276], bei der das grundlegende Beratungskonzept in grafisch ansprechenden Umrissen einem möglichst großem, hochkarätigem Personenkreis vorgestellt wird. Wichtig ist, dass alle Entscheider und Macher des Mandanten einbezogen werden.

Der um Anschaulichkeit bemühte Berater wird sein geringes Wissen auf möglichst viele *Schaubilder* verteilen. Das vermeidet zu frühe Überforderung des potenziellen Mandanten und verleiht dem Vortrag des Beraters knisternde Spannbreite und asketische Intelligenz. Für jedes Dia oder Chart ist der Name des Mandanten ein unerlässliches Gestaltungselement. Die Verwendung des Firmenlogos des Mandanten schmeichelt nicht nur dem Mandanten und seiner Corporate Identity, sondern erweckt vor allem den Eindruck eines individuell und für den Mandanten entwickelten Beratungskonzeptes.

Bei der üblichen Auftragsdurchführung lassen sich folgende *Phasen* unterscheiden:

1. Kurzanalyse oder „Audit" des Mandanten als Lockvogelangebot mit anschließender Erweiterung des Beratungsauftrages und beraterverträglichen Auftragsformulierung.
2. Analyse des Ist-Zustandes unter weitgehender Belästigung der Mitarbeiter des Mandanten.
3. Zwischenpräsentation, ggf. unmerkliche, aber wirkungsvolle Korrektur des Beratungsauftrages.
4. Ausarbeitung des Konzepts mit regelmäßigen Zwischenpräsentationen des Beraters.
5. Festliche Präsentation des finalen Lösungsvorschlages.
6. Durchführung des Vorschlages.

Die *Kurzanalyse* sollte schnell vorgelegt werden, auf jeden Fall bevor der Mandant die Ausweglosigkeit seiner Lage und die nicht vorhandenen Kompetenzen erkennt. Von nicht zu unterschätzendem Wert für ein lukratives Beratungsgeschäft sind umwerfende Formulierungen der Kurzanalyse wie z.B.: „Wenn der Cashflow in seinem liquiditätswirksamen Trend strategisch analy-

276 Dieser Begriff sollte stets englisch ausgesprochen werden: „prisentäschen".

siert wird, lässt er sich im Feedback innerhalb eines integrierten Überwachungssystem ökonomisch-wirtschaftlich final interpretieren, so dass eine strikte Value-Oientierung der Mitarbeiter ressourcengerecht implementiert werden kann“[277].

Für die anschließende profund auszulegende *Analysephase* sollte der Zeitraum nicht unter 6 Monaten veranschlagt werden. Das demonstriert Gründlichkeit, Präzision und Ausdauer, zeigt die Schwere der nicht vorhandenen Probleme und wirkt sich günstig auf das Honorar aus. Der Honorarvorschlag muss niveaugerecht mit sechs- und mehrstelligen Euro-Beträgen formuliert werden. Spesen und Nebenkosten sollten pauschal mit 20 bis 30 % des Honorars angesetzt werden. Das verrät zielorientierte Konzentration auf das Wesentliche. Merke: Die teuersten Gutachten sind die qualifiziertesten!

Die Droge der Beratung wird dem Mandanten in Form von prachtvollen (Zwischen-)*Präsentationen* verabreicht. Die verträgliche Dosis von Anschaulichkeit und reduziertem Informationsgehalt wird auf natürliche Weise dadurch bemessen, dass zur Vorbereitung der Präsentationen mindestens 84,7% der Beratungszeit[278] benötigt werden. Das wiederum wird dadurch möglich, dass die lästige Aufnahme von Fakten und Sachverhalten auf große, d.h. arbeitsunfähige Projektgruppen verlagert werden, die zu 95% mit Mitarbeitern des Mandanten besetzt sind. Dem Berater obliegt es, das mandanteneigene Know-how aufzunehmen und zum Beratungsergebnis zu verarbeiten.

Die konzeptionell vorgegebenen Problemlösungen – im Beratungsgeschäft allgemein als „Berater-Know-how“ bezeichnet – werden dem Mandanten in den Zwischenpräsentationen näher gebracht. Zur Konkretisierung der sonst rein abstrakten Darlegungen sollten einige brauchbare Verbesserungsvorschläge eingestreut werden, die der gewissenhaft vorgehende Berater durch Befragung der Betriebsangehörigen des Mandanten in Erfahrung bringt.

Zwischenpräsentationen belegen am deutlichsten die honorarpflichtige Anwesenheit des Beraters. Im Interesse der Beratungskontinuität sollte der Berater Probleme behutsam aufdecken und Lösungsansätze vage genug an-

277 Zur wissenschaftlichen Fundierung sei verwiesen auf *Flatterbacke*, Der finale Cashflow, Bremen 1995.

278 *Janus*, Die menschliche Seite der Beratung, München 1999.

deuten, damit das Beratungsinteresse des Mandanten wach gehalten wird. Im übrigen ist größte Sorgfalt auf das Layout der Dias oder Charts zu legen. Kolorierte Grafiken, große Schriftzeichen und maximale Reduzierung des Inhalts (höchstens drei Zeilen je DIN-A-4-Seite)[279] verleihen den Präsentationen ihre enorme Aussagekraft.

Bei der schrittweisen *Detaillierung des Konzeptes* erkennt der Berater möglicherweise auch tatsächlich vorhandene Probleme. Dann kommt es darauf an, diejenigen auszuwählen, die seinem universellen Beratungskonzept entsprechen. Im Ernstfall muss er Substitutionsprobleme aufgreifen. Am Ende der Analysephase sollte der Berater ahnen, welche Art von Empfehlungen von ihm erwartet werden. Ein sensibler Auftraggeber sollte vermuten können, worauf er sich eingelassen hat.

Seinen finalen *Lösungsvorschlag* nennt der versierte Berater „Approach", d.h. distanzierte Annäherung, denn Zielerreichung ist nicht das Problem des Beraters. Im übrigen sollte es zur Durchführung von Beraterempfehlungen, professioneller spricht man von „Implementierung", aus Kostengründen und zur Wahrung des Rufes des Beraters nicht kommen. Der Berater sollte sich allenfalls darauf einlassen, die Organisation des Mandanten so zu verwirren, dass kein Angehöriger mehr seine Zuständigkeit kennt.

Droht dem Berater trotz guter Vorarbeit die Mitwirkung an der praktischen Umsetzung seiner Empfehlungen, so ist die ultimative *Beratungsbremse*[280] zu betätigen, indem eine unabdingbare Voraussetzung für den Erfolg des Beratungskonzepts in die Expertise eingebracht wird, die das Topmanagement zum Erhalt seiner Position nicht akzeptieren kann. Bewährt hat sich insbesondere die Forderung, den Vorstand von 6 auf 3 Personen zu verkleinern.

279 Penner der Szene erklären diesen Reduktionsbedarf mit der Kurzsichtigkeit des Topmanagements. Siehe u.a. Lilienkron, Die Sichtweise etablierter Führungskräfte, Frankfurt 1992, S. 112 m.w.N.

280 In dem Beichtbüchlein für gewissengeplagte Manage und Unternehmensberater ist von der „Frenum cons." die Rede; Damasus, OSB, Gebet und Buße in unserer Zeit, 12. Auflage, St. Gallen 1997, S. 148 f.

Stichwortverzeichnis

Enthüllungen über den Autor

Die folgende biografische Skizze zu Sebastian Hakelmacher verdankt der Verlag dessem langjährigen Mitarbeiter Dr. Dr. Eugidius F. Schlumberger, heute President und CEO der E-Comics Inc. in Pasadena/USA.

Das bewegte Leben von Sebastian Hakelmacher (SH) begann mit der Sturzgeburt auf der Kellertreppe der Unterhachinger Molkerei im Jahre 1969. Heute muss dies als deutliches Zeichen für die rasche und ungewöhnliche Karriere von SH gewertet werden. Sie setzte mit dem erfolgreichen Besuch der *Zwergschule* in Ehrdorf/Hinterfranken ein und nahm ihre entscheidende Wende durch das bei SH früh entwickelte Streben nach Universalität, das ihn über Hamburg und Chittagong nach Papua-Neuguinea gelangen ließ. Dort ging er bei dem berühmten Viersternekoch Renè Bu-Pongo in die Lehre. Die Umstände, unter denen die „Goldenen Kochmütze" an Bu-Pongo verliehen wurde und die dem aufgeweckten Kochlehrling nicht verborgen blieben, brachten SH auf die den Berufstand beglückende Idee, Wirtschaftsprüfer zu werden.

Auf dem Weg zum Wirtschaftsprüfer legte SH einen Zwischenaufenthalt in Timbuktu ein, um an dem dortigen Institute of Management Science and Practice (IMSP) ein *MBA-Studium* zu absolvieren. Der in international maßgebenden Managerkreisen außerordentlich geschätzte Leiter des IMSP, Professor Abu Simpel, erkannte auf einem Forschungsausflug zur berühmten Bibliothek in Alexandrien spontan die ungeheure Begabung von SH. Er ermöglichte SH mehrtägige Studienaufenthalte in Harvard, damit SH intensiv den Bosston studieren konnte, über den er bald eigene Seminare veranstalten durfte. Seine als beste Arbeit des IMSP ausgezeichnete Dissertation trägt den schlichten Titel „Die wirtschaftlichen Vorzüge und Auswüchse der Meritokratie". Sie gilt heute als ein Standardwerk der internationalen Begabtenforschung.

Um sich auf die Wirtschaftsprüferpraxis vorzubereiten, arbeitete SH in den letzten Semesterferien bei Dr. Jekyll and Hyde, Chartered Accountants, in Haiderabad. Er wurde dadurch nicht nur mit der indischen Rechnungslegung gründlich vertraut, sondern auch sehr früh mit der Unerklärlichkeit des „True and Fair View" konfrontiert, was sich für seine weitere Karriere als besonders förderlich erwies.

Aufgrund seiner hervorragenden Ausbildung erhielt SH sogleich nach seiner Ankunft in Bayern eine unterbezahlte Anstellung bei einer großen deutschen Wirtschaftsprüfungsgesellschaft. Hier eignete er sich schnell alle berufstypischen Kenntnisse und Erfahrungen an, die er bei seiner späteren Tätigkeit als Topmanager kaum gebrauchen konnte, mit denen er aber in kürzester Zeit die berufsüblichen Examina ablegte.

Als begnadeter *Wirtschaftsprüfer* schreckte SH vor keiner Überforderung zurück. Er prüfte Einzelunternehmen mit dem gleichen Engagement wie Großkonzerne, machte sich in der Steuer- und Unternehmensberatung gleichermaßen verdient und betrieb die Bewertung von Unternehmungen mit bewundernswertem Einfühlungsvermögen und bestechender Eleganz. Sein rapid wachsendes Ansehen führte ihn auch nach Niedersachsen, Nordrhein-Westfalen und ins übrige Ausland. SH erfuhr von allen zeitgenössischen Koriphäen der Wirtschaftsprüfung reichlichen Zuspruch.

Dennoch konnte SH dem Lockruf nicht widerstehen, das *Topmanagement* eines maroden, aber in Bankenkreisen als höchst kreditwürdig eingestuften Industriekonzerns wesentlich zu verjüngen. Von seinen erfolgreichen Sanierungsmaßnahmen verdient besonders die von ihm veranlasste Umstellung des Geschäftsjahres auf das Kalenderjahr hervorgehoben zu werden. Sie erwies sich als epochal richtig, so dass von ihren positiven Wirkungen noch künftige Generationen von Topmanagern zehren werden.

Als SH nach vier Jahren tatkräftigen Wirkens erkennen musste, dass er in dem inzwischen gesunden Konzern seine hierarchische Endplatzierung nicht erreichen konnte, wechselte er auf Drängen eines Headhunters in die *Spitzenposition eines angloamerikanischen Konzerns* mit weltweiten Aktivitäten und zahlreichen Tochterunternehmen. Den guten Ruf verdankte der Konzern vor allem seiner ungebändigten Expansion und der darauf beruhenden Unübersichtlichkeit. Unter der Führung von SH konnte er dadurch wesentlich gefestigt werden, dass der Hauptzweck des Konzerns erkannt wurde, nämlich sowohl nach nationalen Grundsätzen wie nach UK-GAAP und US-GAAP Rechnung zu legen.

Diese Entwicklung hinderte nicht das organische und durch Unternehmenserwerbe forcierte Wachstum. Der Konzern diversifizierte gewaltig und vernachlässigte seine Kernkompetenzen nicht mehr als allgemein üblich. Nach der Abwehr einer feindlichen Übernahme fusionierte das Mutterunternehmen mit der Konzernspitze einer völlig ungeordneten, international ausgedehnten Unternehmensgruppe zu dem größten Unternehmen seiner Branche.

Nach der bald danach fälligen Restrukturierung der Investors Relations Abteilung, die den Shareholder Value des Konzerns in schwindelnde Höhen trieb, trat SH 1995 getreu der von ihm reformierten Pensionsordnung in den ultimativen Unruhestand, d.h. er wurde Vorsitzender des Aufsichtsrates bzw. Chairman des Board of Directors. Diese Amt übt er noch heute aus. Er leitet auch persönlich das Audit Committee des Konzerns.

Da SH seine Mitgliedschaft im Institut der Wirtschaftsprüfer im Gegensatz zum Rauchen nie aufgegeben hatte, ließ er sich als 26-jähriger Rentier mit nunmehr 32-jähriger Berufserfahrung wieder zum Wirtschaftsprüfer bestellen. Er arbeitet vor allem als Gutachter und nimmt weitere ausgewählte Aufsichtsratsmandate wahr.

Neben seiner Manager- bzw. Wirtschaftsprüfertätigkeit widmete und widmet sich SH der wissenschaftlichen Forschung und Lehre. Bahnbrechend sind seine Arbeiten auf dem Gebiet der Managementbetriebslehre und der Analyse virtueller Spitzenleistungen. Seine wichtigsten Buchveröffentlichungen tragen folgende Titel: Vom Teen-Ager zum Man-Ager, Hakelmachers Lexikon der Finanzen und Bilanzen, Das Leoparden-Paradox und Die Falken-Parabel.

Von seinen beruflichen Anstrengungen erholt sich SH bei seiner Ehefrau Olga und seinen 7 Kindern in Volksdorf. Sein Hobby ist die Beobachtung von bunten Vögeln und niederen Kriechtieren.